AugenBlicke 5

Erarbeitet von   Ulla Dorenkamp
   Helmut Melzer
   Regina Nußbaum
   Bettina Peiffer

Illustriert von   Iris Vent

1. Auflage   Druck   5   4   3   2   1
Herstellungsjahr   2003   2002   2001   2000   1999
Alle Drucke dieser Auflage können im Unterricht
parallel verwendet werden.

© Westermann Schulbuchverlag GmbH, Braunschweig 1999
www.westermann.de

Verlagslektorat: Regina Nußbaum, Ingeborg Haase
Typographisches Konzept: Nijole Küstner, Thomas Schröder
Lay-out und Herstellung: Nijole Küstner
Druck und Bindung: westermann druck GmbH, Braunschweig

ISBN 3-14-12 2035-2

AugenBlicke 5

westermann

Frühling – Sommer – Herbst – Winter   Seite 130

Steine – Wanderer zwischen den Welten   Seite 168

Du bist ein Indianer, Hannes   Seite 196

Phantastische Begegnungen   Seite 214

Rosamund, die Starke

HÄTTET IHR GEDACHT,
  dass hier eine echte Prinzessin unterwegs ist?
  Schaut euch die Ausrüstung an, mit der sie
  ins Abenteuer zieht.

ROSAMUND, DIE STARKE ist so ungewöhnlich
  wie das Märchen selbst, in dem sie die
  Hauptrolle spielt, nämlich witzig, mutig und
  ganz schön stark.
  Die Prinzen dagegen, die hier auftauchen – o je!
  (Bis auf eine Ausnahme natürlich!)

IHR KÖNNT den Buchauszug lesen, klar,
  aber noch viel spannender wäre es,
  die Abenteuer von Prinzessin Rosamund
  auszuspinnen, einige Szenen zu spielen oder ein
  Theaterstück aus dem Buch zu machen ...
  für euch selbst,
  für eine andere Klasse
  oder für einen Elternabend.

8

1. Schritt:
Lesen!
Viel Vergnügen!

Es waren einmal ein König und eine Königin.
Bis jetzt hatten sie es eigentlich nicht sehr weit
gebracht, denn sie verloren einen Krieg nach
dem anderen, und vom Haushalt verstanden
5 sie rein gar nichts. So verbrachten sie nun
ihre Tage in einem schäbigen Wohnwagen
am Rande des finsteren Waldes.
  Der mit der Pfanne ist der König,
und die Königin versucht gerade, das Dach
10 zu reparieren.

9

10

Eines Tages erzählte die Königin dem König,
dass sie schwanger sei.

„Krieg einen Knaben", befahl der König.
„Er wird zu einem Helden heranwachsen,
¹⁵ eine reiche Prinzessin heiraten und uns wieder
zu unserem Land verhelfen."

„Wird gemacht", sagte die Königin.

Aber, als das Baby kam ...

Die Prinzessin wuchs heran und wuchs und wuchs und wuchs, bis sie schließlich keinen Platz mehr im Wohnwagen hatte. Der König besorgte ihr ein Zelt, das er draußen aufschlug.

35 „Es ist Zeit, dass du heiratest, Rosamund", meinte der König an ihrem siebzehnten Geburtstag.

„Ja, Papa", antwortete die Prinzessin, „aber ..."

„Lass mich nur machen", sagte der König.

... war es ein Mädchen!

20 „Macht nichts", sagte der König. „Sie wird zu einer wunderschönen Prinzessin heranwachsen, und dann werde ich eine böse Fee derartig ärgern, sodass sie die Prinzessin verwünscht.

25 Dann kommt ein schöner Prinz, um sie zu erlösen, und wir werden alle in Freuden auf seinem Schloss leben!"

„Einverstanden!", sagte die Königin. „Wir nennen sie Rosamund."

30 „Bäh", sagte Rosamund.

12

13

Also ging der König in den tiefen, finsteren Wald,
40 um einige böse Feen zu ärgern.
Die erste, auf die der König traf, war ohne jeden Nutzen.
Es war eine gute Fee. Sie wurde nicht einmal böse,
als der König sie beim Namen nannte.
Die zweite Fee war böse, aber sie war noch Anfängerin.
45 Zwar verwandelte sie den König – ihrer Katze zuliebe – in einen Frosch,
aber der Fluch hielt nicht lange vor.
Die dritte Fee war sehr böse.
Das ist sie.
Der König war schrecklich unhöflich zu ihr.

14

„Wehe!", schrie die böse Fee.

„Was ist dir das Liebste auf der ganzen Welt?"

„Meine Tochter Rosamund", antwortete der König erwartungsvoll.

„Ich werde sie verwünschen", krächzte die böse Fee, die nicht besonders helle war, und flog von dannen.

„Hurra!", jubelte der König, weil sein Vorhaben ‚Beschaff-der-Prinzessin-einen-reichen-Prinzen' offensichtlich glückte.

15

Die böse Fee traf Prinzessin Rosamund, als diese gerade
60 Butterblumen auf einer Lichtung pflückte.
   „Endlich!", schrie die Alte. „Ich bin die böse Fee,
ich bin gekommen, dich zu verwünschen.
Sieben Jahre sollen vergehen, eh ein Prinz zu ..."
   Peng! Prinzessin Rosamund kartöffelte ihr eine,
65 dass der bösen Fee nicht nur die Flöhe aus dem Kleid hopsten,
sondern auch Gebiss und Brille verloren gingen.

16

17

„Rosamund, du bist ein ganz verdorbenes, undankbares Stück!",
schimpfte die Königin, als sie die böse Fee aufsammelte.

„Ich werde mir einen Prinzen auf meine Art suchen",
70 sagte Prinzessin Rosamund.

Am nächsten Tag lieh sie sich des Königs Fahrrad aus
und fuhr los, ihren Prinzen zu suchen.

18

19

Rosamund hatte eine ganze Menge Abenteuer.

Sie erschlug reihenweise Drachen, Riesenwürmer und Schwarze Ritter.

75 Sie erlöste mehrere Prinzen, die ziemlich reich waren,

aber sie mochte keinen von ihnen leiden.

Sie tat all die Dinge, die man von einer Heldin verlangen kann,

nur ihren Prinzen fand sie nicht.

Allmählich wurde es Prinzessin Rosamund Leid, Prinzen zu erlösen

80 und Drachen zu töten. Außerdem eierte das Vorderrad nach

einem Kampf mit einem hundertköpfigen Ungetüm. Schließlich begab

sie sich, ihr Rad tragend, traurig auf den Heimweg.

„Hallo, Mama. Hallo, Papa. Hallo, böse Fee",

sagte Prinzessin Rosamund, als sie nach Hause kam.

85 „Wo hast du deinen Prinzen?", fragten der König,

die Königin und die böse Fee, die mittlerweile bei ihnen lebte.

„Ich hab' keinen", sagte Prinzessin Rosamund,

„und ich bin nicht bereit, jeden Hanswurst zu heiraten."

„Aber denk doch einmal an uns", jammerten der König,

90 die Königin und die böse Fee. „Wovon sollen wir denn leben,

wenn du dir keinen Prinzen nimmst?"

„Das ist allein eure Sache", sagte Prinzessin Rosamund,

„ich bin nicht bereit ..." und dann sah sie die Inschrift.

IN DIESER RICHTUNG
ZUM VERZAUBERTEN
PRINZEN

21

Bevor Prinzessin Rosamund in den tiefen finsteren Wald ging,
95 sagte sie mit Nachdruck:

"Ich tue das nur für mich. Ihr müsst für euch schon selber sorgen."

Auf ihrem Weg verwalkte sie mehrere Kobolde, Dämonen und böse Feen
(versehentlich auch einige gute) und erreichte schließlich das Zauberschloss.
Dort lag auf einem Blumenbett ein wunderschöner Prinz.
100 Rosamund gab ihm einen dicken Schmatz.

23

24

Der wunderschöne Prinz schlug die Augen auf und beguckte Prinzessin Rosamund. „Das ist stark!", rief er und gab ihr einen Nasenstüber, mitten auf ihre allerliebste Nase. Es war Liebe auf den ersten Stüber. Glücklich spielten sie das Nasenstüber-Spiel noch viele Jahre.

Glücklich lebten auch der König und die Königin noch viele Jahre. Und die böse Fee wurde noch viel, viel böser.

2. Schritt:
Stellen, die euch besonders gefallen haben, ohne Vorbereitung **anspielen**.
Dabei merkt ihr schon, ob sie sich als **Szenen** für eine Aufführung eignen.

25

3. SCHRITT:
Eine Übersicht über die **Szenenfolge** herstellen, die ihr spielen wollt.

WAS SICH NICHT gut darstellen lässt, aber wichtig ist, kann ein Erzähler/eine Erzählerin den Zuschauern vorlesen oder vortragen.

Die Szenen ...	und was darin passieren soll:
Szene I: Der König und die Königin bei der Arbeit im Wald	– Sie erinnern sich an ihr Leben im Schloss. – Sie beklagen sich, wie sie jetzt wohnen, gekleidet sind, arbeiten müssen. – Die Arbeiten misslingen. – gegenseitige Vorwürfe – die rettende Idee des Königs
Erzähler	(siehe Seite 8, 11, 12, 14, 16)
Szene II: Rosamund nimmt Abschied, um selbst ihren Prinzen zu suchen	– Die Eltern haben 1000 Ratschläge und besorgte Fragen. – Rosamund beruhigt sie. Sie erklärt genau, wozu die Ausrüstungsgegenstände da sind. – Abschied mit allem Drum und Dran
Erzähler	...
Szene III: Rosamunds Abenteuer	– –
Erzähler	...

4. SCHRITT:
Eine Szene inhaltlich ausspinnen

ÜBER ROSAMUNDS Abenteuer wird im Buch nur zusammenfassend berichtet.
Das ist **die** Gelegenheit, für Rosamund spannende oder gefährliche oder witzige Begegnungen mit Ungeheuern und Dämonen auszuspinnen.

KLAR, dass Rosamund **3x** böse in Gefahr gerät, und klar, dass sie sich **3x** retten kann.
Schließlich hat sie außer Muskeln eine tolle Ausstattung bei sich, mit der sie sich aus der Patsche helfen kann ...

SPRECHT ÜBER diese Anregungen, sammelt in der Gruppe
Ideen und Vorschläge und spielt sie an.
Stellt euch gegenseitig euer tollstes Abenteuer von
Rosamund vor.

27

DIE GEFAHR ist gemeistert.
   Nun ist der Weg frei für die Begegnung mit den Prinzen.
– Da sie ja keinen der **drei** mag, müsst ihr Typen erfinden,
   die bestimmt **nicht** nach Rosamunds Geschmack sind.
– Stellt eure Prinzen in einer solchen Situation vor,
   dass Rosamund gleich den **richtigen** Eindruck bekommt.

28

WAS SICH DARAUS wohl für „Gespräche" entwickeln?
– Rosamund wird den Prinzen zum Abschied sicher
 ihre Meinung deutlich mitteilen ...
– Probiert auch hier wieder in der Gruppe Möglichkeiten aus
 und stellt euren „Hit" vor.

DIESER ist mit seiner eigenen
Schönheit beschäftigt ...

*Die Locke links
liegt überhaupt nicht!*

DIESER macht vielleicht gerade ein
Gedicht für seine Angebetete
in der Ferne ...

Herz	Schmerz	Liebe	trübe
mein	dein	goldne	Locken
Ferne	gerne	traurig	hocken

*DU hast mich befreit???
Na schön, nehm ich dich eben.
Fahr sofort zu meinem Schloss!
Schick mir die Staatskarosse!
Bügle mein schönstes Hemd!
Bereite mir ein Festmahl!
...*

ERPROBT NUN den Beginn, den Verlauf und das Ende
aller Begegnungen verschiedene Male.
Vielleicht möchtet ihr ja auch noch ganz andere
Prinzen im Spiel „testen".

5. Schritt:
Die Abenteuer und die Begegnungen mit den
Prinzen als Theaterszenen aufschreiben,
mit verteilten Rollen lesen, besprechen,
überarbeiten

BEI DER GESTALTUNG dieser Theaterszenen habt ihr
zwei Möglichkeiten:

1: Ihr könnt die Szenen **ohne** feste Textvorlagen spielen,
dann wird eure Darstellung immer etwas anders geraten.
Diese Art des Spiels erfordert von **allen**, dass sie schnell
(spontan) reagieren und sicher spielen können.

2: Wenn ihr an eine **richtige** Aufführung mit vielen Zuschauern
denkt, ist es sicherer für **alle**, einen festen Text zu haben,
der auswendig gelernt wird.
Und diesen Text müsst ihr natürlich zunächst einmal
aufschreiben.

Tipp: Damit ihr mit der Arbeit schneller fertig werdet,
solltet ihr euch wieder in Gruppen zusammentun
und die Szenen aufteilen.

UND SO könntet ihr eure Texte aufschreiben:

1. Szene:	*Wald mit Höhleneingang. Daraus hört man lautes Schnauben, Schnaufen, Schnarchen.* *Zwischendurch hält der Drache die Luft an. Dann geht es umso lauter wieder los.*
Rosamund	*Rosamund schiebt ihr Fahrrad in die Höhle hinein und singt laut:* „Der Mai ist gekommen ...“
Drache	Was soll der Lärm? Ruhe!
Rosamund	Wie bitte?
Drache	Ich will meine Ruhe hier haben, schließlich habe ich 100 Jahre auf dem Buckel.
Rosamund	Aha, spreche ich mit Bodo, dem 100-jährigen Drachen?
Drache	Erraten. Und nun mach dich schnellstens davon, sonst komme ich heraus.
Rosamund	Oh ja, mach doch mal.
Drache	Warte nur, ich werde dich fressen.
Rosamund	Hast du denn überhaupt noch Zähne, Bodo?
Drache	Dein Mut wird dir ganz schnell vergehen, wenn ich meine 100 Drachenmeter um dich wickle.
	Der Drache kommt langsam aus dem Loch gekrochen und wickelt sich um Rosamund. Dabei schnauft er wieder fürchterlich.

WENN EURE TEXTE fertig sind, wird es richtig spannend.
Verteilt die Rollen und studiert den Text in der Gruppe gut ein, damit ihr ihn wirkungsvoll vor der ganzen Klasse präsentieren könnt.

DIE ENDGÜLTIGE Auswahl der Szenen wird euch weniger schwer fallen, wenn ihr gute Ideen und Einfälle der anderen Gruppen in die Endfassung aufnehmt.

6. Schritt:

Rollen verteilen und proben

BESETZT DIE ROLLEN ruhig mehrfach,
dann spielen immer andere in
verschiedenen Aufführungen.
Wichtig ist, dass **ALLE** beteiligt sind.

UND NOCH ETWAS: Diejenigen von euch, die lieber
unauffällig **„hinter den Kulissen"** arbeiten,
sind bei einer Aufführung genauso wichtig
wie die Schauspieler!

HALT, legt nicht gleich los mit euren Texten, auch wenn ihr sie
prima einstudiert und gelernt habt.
Wenn ihr **alle** vor jeder Probe solche und ähnliche Übungen
macht, gelingt das Spiel anschließend umso besser.

TIPP: Alle Übungen erst **ohne** Kostüm machen!

Der Drache ...
knurrt leise/laut
prustet und schnauft
ächzt und stöhnt
schnaubt
gähnt
niest
schmatzt
brüllt

Der Drache ...
windet sich mühsam
dehnt und streckt sich
zieht sich zusammen
wird immer länger
legt sich platt auf den Bauch
geht im Passgang
geht mit „allen Beinen" gleichmäßig abwechselnd
hat einige Beine „verloren"
schlurft mit einem Bein
hinkt mit einem Bein

Was ist das denn für eine Vogelscheuche?
Hahaha! Hihi! Hohoho! ...

ÜBUNGEN zum unterschiedlichen Sprechen:

ganz tief sprechen
ganz hoch sprechen
tiefes Gelächter
hohes Gelächter
lautes Gelächter

Liebeserklärungen ...
flüstern
stottern
schreien
mit piepsiger Stimme sprechen,
dabei lachen, „weinen"
gelangweilt dahersagen
wütend, traurig sprechen

ÜBUNGEN für besondere Arten des Gehens:

Pause nach jedem Schritt
schleichen
gleiten
stampfen
im Sumpf einsinken
tippeln
hüpfen
springen

Im Zusammenleben mit Geschwistern gibt es viele aufregende, schöne Tage und Augenblicke, aber auch weniger glückliche und sogar sehr traurige Erlebnisse.

Die Texte erzählen von solchen unterschiedlichen Erfahrungen von Kindern, die auch in phantastischen Geschichten und Märchen eine Rolle spielen.

wisterGeschwisterGeschwisterGeschwisterGesc

Blues Sister

Yolonda, kräftig und großstadterfahren, fürchtet sich vor niemandem und nichts an der neuen Schule, an die es sie verschlagen hat. Sorgen macht ihr nur ihr kleiner Bruder Andrew, den alle für zurückgeblieben halten. Nicht einmal ihre Mutter glaubt ihr, dass Andrews Harmonika- und Flötentöne etwas ganz Besonderes sind. Er ist ein Genie, davon ist Yolonda fest überzeugt. Nachdem ältere Jungen Andrews Harmonika zerstören um ihn einzuschüchtern, setzt sich Yolonda tatkräftig mit viel Mut für ihren Bruder ein.

Andrew war sich nicht sicher, wohin sie gingen. Yolonda hatte etwas von einer Harmonika gesagt, nicht seine tote, die Musik in sich gehabt hatte und die manchmal seine Gedanken ausdrückte, bevor er überhaupt wusste, dass er sie hatte. Sie wollte, dass er sie
5 verdiente. Er machte sich nur ein klein wenig Sorgen. Yolonda tat nie etwas, was ihn verletzte.
　Die Busfahrt war ziemlich lang. Andrew beobachtete, dass Yolonda immer wieder auf die Uhr sah und ungeduldig mit dem Bein wippte. Jedes Mal, wenn der Bus hielt um einen Fahrgast aufzuneh-
10 men, stieß sie ein verärgertes Zischen aus. Sie schwitzte noch immer, der Schweiß lief ihr übers Gesicht.

Vielleicht ist sie noch immer böse, dachte Andrew. So wie eben
am Asphalt Hill hatte er Yolonda noch nie erlebt – wie Batman über
diesen gemeinen Jungen schwebend, größer als Batman. Aber er
15 hatte nie daran gezweifelt, dass Yolonda mit allem fertig werden
konnte. Es gab nichts, wovor sie Angst hatte. Ein paar Yolonda-Töne
tauchten in seinem Kopf auf – große, mächtige Explosionen. Er
würde dazu ein anderes Instrument brauchen, vielleicht Trommeln,
ein Horn, beides zusammen. Welches Instrument dröhnte?
20 Der Bus hielt direkt vor seinem Lieblingsgeschäft. Erfreut betrachtete er das Schaufenster. Da war ein gekrümmtes Horn auf
einem Ständer. Ob das dröhnen konnte? Er glaubte es nicht.
Yolonda stieß die breiten Glastüren auf. „Langhaar ist vielleicht
nicht da, aber ich hab irgendwo eine Quittung." Seine Schwester
25 kramte in ihrer Jeanstasche herum.
Andrew starrte die an den Wänden aufgehängten Gitarren an, die
Glasbehälter mit verschiedenen Arten von Flöten, größer als seine.
Da war ein gigantisches gekrümmtes Horn auf einem riesigen Ständer. Yolonda. Andrew war sicher, dass dieses Horn dröhnen konnte.
30 „Ist das das Genie?" Ein lächelnder Mann mit grauem Haar, das
seine Schultern berührte, beugte sich zu Andrew hinunter.
Andrew machte ein finsteres Gesicht. Da war dieser Name wieder. Er hätte dem Mann sagen können, sein Name sei Andrew Blue,
aber sein Mund sehnte sich plötzlich nach seiner alten Harmonika,
35 die er im dunklen Schmutz bei den Tulpen begraben hatte, nach der
toten Harmonika. Wo war sie jetzt?

Dann sah er, dass ihm der Mann etwas hinhielt. „Woher hast du die?", fragte er erschrocken und entsetzt. Das war seine Harmonika, nur hatte jemand sie wieder ganz gemacht und poliert.

40 Ein Gefühl der Übelkeit breitete sich in Andrews Magen aus und ein schwacher, hohler Ton peinigte seine Ohren. Dann schien es ihm, als warteten all die Instrumente an den Wänden, auf Ständern in den Ecken, im Innern der Glasbehälter auf ihn.

„Wenn du sie dir verdienen willst, musst du bloß ein bisschen
45 was spielen, Andrew." Yolonda sah ihn eindringlich an. „Irgend-etwas Großartiges. Keine Akkorde. Spiel ,Round Midnight'. Spiel Bart Simpson. Spiel den brutzelnden Speck."

Yolonda wartete. Der lächelnde Mann wartete, hielt ihm noch immer die Harmonika hin. Die anderen Instrumente warteten. Das
50 hohle Surren war wieder in seinen Ohren.

„Andrew", sagte Yolonda mit ihrer ungeduldigen Stimme. „Wir haben keine Zeit für Spielchen. Der Bus fährt weg. Wir könnens uns nicht leisten eine Stunde auf den nächsten zu warten. Ich muss noch Staub wischen, bevor Momma heimkommt. Und du musst spielen,
55 bevor wir diese Harmonika kriegen. Komm schon, tu dein Teil."

Das Surren wurde stärker.

Yolonda riss dem Verkäufer die Harmonika aus den Händen, drückte sie Andrew in die Hand und sagte: „Spiel!"

Die Harmonika fühlte sich in Andrews Händen steif an, Holz und
60 Metall, überhaupt keine Ausstrahlung. Keine Stimme.

Yolondas Gesicht wurde wütend. „Andrew! Kein Baby-Getue
mehr. Mach schon!"

Andrew sah die Harmonika an. Er hatte keinen Atem mehr, nur
noch ein kleines bisschen, das in seinem Hals steckte, nicht genug um
65 auch nur ein Flüstern durch diese Löcher im Holz herauszubringen.
Die Luft um ihn herum wurde dick durch das allgemeine Warten.

„Ich hätte diese Kerle umbringen sollen!" Yolonda explodierte.
„Sie haben dich wirklich ausgeraubt, Andrew." Sie wirbelte herum
und eilte auf die Tür zu. „Gib sie dem Mann zurück. Lass dir meine
70 acht Dollar zurückgeben. Ich versuch den Bus an der Ecke aufzuhal-
ten." Sie stampfte auf die Tür zu. „Ich hätte sie umbringen sollen!"

Warte!, schrien Andrews Gedanken. Instinktiv führte er die Harmonika an den Mund, spürte mit Lippen und Zunge die neuen
Löcher, fühlte mit seinen Händen die Glätte des Metalls, suchte mit
75 allen Sinnen die alte Stimme, die in dem Holz und Metall lebte.

Warte!, schrie die Harmonika. *Warte! Hilf mir!*

Yolonda erstarrte, dann drehte sie sich langsam zu ihm um.

Andrew befeuchtete das Holz mit der Zunge, ein Weinen quoll
aus der Marine Band Harmonika. Dann strömten harsche, zackige
80 Fetzen wütender Töne durch den Raum.

„Wow!", schrie der Verkäufer. „Wow! Weiter, Junge. Mach weiter!"

Warte!, gellte Andrews Harmonika. *Warte. Warte. Iiii eee iiii ooooh!*

„Sie ist für dich", sagte der Verkäufer und klatschte in die Hände.
„Ihr gehört zusammen."

85 Dann zu Yolonda: „Du schuldest mir sechs Piepen, Schwester."

Yolonda stieß einen tiefen Seufzer aus. „Wurde aber auch Zeit",
brummte sie.

Andrew sah die Harmonika an, während Yolonda sechs Dollar
plus Steuer in Vierteldollarmünzen abzählte. Sein Kopf fühlte sich
90 an wie ein Ballon. Als könnte er wegfliegen. Er hielt die Augen fest
auf die Harmonika geheftet, als sei sie ein Anker.

„Nimm lieber das Etui." Der Mann hielt Andrew eine kleine
schwarze Schachtel hin. Sein Lächeln war ernsthaft und Andrew ver-
traute ihm sofort. Der Kopf saß ihm wieder fest auf den Schultern.

95 „Wofür ist die Schachtel?", fragte Andrew.

„Sie schützt dein Instrument wie ein Haus, bewahrt sie davor ka-
puttzugehen."

„Oh", sagte Andrew. Sein Instrument. Er nahm die Schachtel, öffnete sie und legte die schimmernde Marine Band Harmonika
100 vorsichtig in ihr samtenes Bett. Der Deckel schnappte, als er ihn zuklappte. In Sicherheit.

Als sie im Bus saßen, der sie nach Hause brachte, sagte Yolonda: „Schau, Andrew, ich hab das alles noch nicht richtig kapiert."
Sie seufzte.

105 Andrew wartete.

„Aber du musst unbedingt eine Harmonika haben. Vielleicht hat Gott das so entschieden. Vielleicht lag die Entscheidung bei deinen Genen. Vielleicht bei den Sternen. Wer weiß?" Sie kaute an ihren Fingerknöcheln.

110 „Vielleicht einfach Daddy", schlug Andrew vor, der sich kaum noch an eine große Gestalt erinnern konnte, die sich über ihn beugte. Man hatte ihm gesagt, woher die Marine Band Harmonika kam.

„Yeah, vielleicht Daddy", sagte Yolonda. „Momma weiß nicht, dass du eine Harmonika haben musst. Ich dachte, sie wüsste es,
115 aber sie weiß es nicht. Sie liebt dich, aber sie begreift nicht, dass du ein Genie bist. Dazu braucht man einen besonderen Verstand – um ein Genie zu entdecken."

Der Bus rumpelte dahin und Andrew wartete darauf, was Yolonda als Nächstes sagen würde. Er wusste, Yolonda war sehr klug.
120 Offensichtlich war ein Genie etwas Gutes.

„Ich sehe noch nicht ganz klar, Andrew", wiederholte Yolonda. „Vielleicht solltest du nicht auf der Harmonika spielen, wenn Momma zu Hause ist. Nein, das ist nicht richtig. Spiel, wann immer du Lust dazu hast, wann immer du musst."

125 Was meinte sie? Hatte Genie etwas mit Geheimnis zu tun? Musste er jetzt mutig sein? Er hielt die Marine Band Harmonika in ihrem Etui sanft mit beiden Händen fest. Sein Instrument. In seinem Kopf hörte er den Ton für Mut, aber er hatte Angst davor ihn zu spielen.

Carol Fenner

ANDREW kann wirklich auf ganz besondere
Weise Mundharmonika spielen.
Was meint ihr?

UND YOLONDA ist sicherlich auch eine
ganz besondere Schwester ...

38

Meistens geht's mir gut mit dir

Also, ich bin vielleicht froh: mein Bruder ist weg! Endlich!
Naja, er ist nicht für immer weg, bloß für vierzehn Tage. Im Kinderheim, zur Erholung. Papa bringt ihn gerade hin, im Auto; mindestens
zwei Stunden müssen sie fahren. Jetzt sind sie weg.

5 Vierzehn Tage. Das ist ganz schön lang. Es wurde aber auch Zeit,
das war ja nicht mehr auszuhalten. So etwas Zappeliges, so etwas Blas-
ses wie mein Bruder. Gegessen hat er auch nichts mehr, oder bloß Pudding, und jeden Tag das Gezeter am Tisch … „mag nichts essen, hab
keinen Hunger, mag nichts essen …“ Und Bübchen braucht auch nicht
10 zu essen, Bübchen kriegt Pudding, denn essen muss das Kind, wenigstens etwas, sagt die Mama. Und prompt kriegt das Bübchen seine Extrawurst, also den Pudding.

Ich kriege ja auch Pudding, aber vorher muss ich mein Gemüse
aufessen, da gibt es nichts, da wird nicht lang gefackelt, bei mir,
15 meine ich. Bloß beim Bübchen …

Naja, nun ist er im Kinderheim. Hoffentlich. Da wird er schon lernen zu essen, da bin ich sicher, die braten ihm keine Extrawurst. Geht
ja auch gar nicht, bei so vielen Kindern.

Wie viele Kinder sind da wohl?
20 Also, mindestens zwanzig, zwanzig doch mindestens, wenn nicht
mehr. Auf dem Prospekt hat das Haus ziemlich groß ausgesehen, ein
großer grauer Kasten, da gehen doch mehr als zwanzig Kinder rein.
Ist ja egal.

Jedenfalls kriegt er da keine Extrawurst gebraten, da hüpft keine
25 Mama um ihr Bübchen herum und bettelt: „Noch ein Häppchen,
Spätzlein, noch ein klitzekleines Häppchen!“

Und hier ist endlich einmal Ruhe. Schön! Vierzehn Tage lang. Jetzt
habe ich endlich unser Zimmer für mich – das ist ja wirklich eine Zumu-
tung, ein einziges Zimmer für ihn und mich! Die Legosteine packe ich
30 am besten gleich weg. Dauernd stolpert man hier über Legosteine! Die
liegen sogar auf meinem Schreibtisch, wenn ich Hausaufgaben machen
will. Oder soll. Wie soll man denn Hausaufgaben machen, wenn einem
dauernd ein kleiner Bruder zwischen den Beinen herumkriecht und ausgerechnet auf meinem Schreibtisch Legosteintürme baut. Immer auf
35 meinem Schreibtisch. Und immer Türme! Erst baut er sie, hoch und
wackelig, und schwätzt dazu, und dann wirft er sie wieder um.

Wozu baut er Türme, wenn er sie doch wieder umschmeißt! Versteh ich nicht. Und wenn er schon Türme bauen muss, dann soll er sie in seiner Spielecke bauen, da hat er doch Platz … Aber nein, auf
40 meinem Schreibtisch muss es sein. Mitten aufs Rechenheft.

Ich bin ja nicht scharf aufs Rechnen, aber Legosteintürme haben auf meinem Heft nichts zu suchen, das ist klar.

Die Wohnung ist halt zu klein. Ich brauche ein eigenes Zimmer, das wär was. Tür zu und Schluss. Naja, habe ich ja jetzt, wenigstens
45 vierzehn Tage lang.

Ob er im Kinderheim auch Legosteintürme baut? Steine hat er keine eingepackt, bloß seinen Teddy, aber die werden wohl auch Legosteine haben, die haben sicher Spielzeug … Mit Legosteinen spielt er aber am liebsten.

50 Die werden sich freuen, wenn er dann die Türme einreißt und es scheppert, dass einem die Ohren abfallen. Aber mit irgendetwas muss er ja spielen dürfen, er kann doch nicht bloß mit seinem Teddy spielen. Mit dem spielt er auch nicht richtig, mit dem schmust er. Küsschen hier und Schmätzchen da und dann meint er, ich seh' es
55 nicht. Ich seh' es aber doch, ich tu bloß so, als sähe ich es nicht …
Und dann krabbelt er auf meinen Schoß und patscht mit seinen

40

Dreckpfoten auf meine Backen und will schmusen … das mag ich nicht.

60 Ich muss doch für die Schule arbeiten, da kann ich ihn wirklich nicht gebrauchen. Da stört er. Er stört überhaupt ziemlich oft. Wenn Gabi kommt und wir reden und stellen uns Musik an: immer ist er dabei. Die Gabi macht schon blöde Bemerkungen, Babysitter und so. Ich kann doch nichts dafür! Wenn ich ihn zu Mama in die Küche schicken will, dann heult er und die Mama ist dann auch überfor-
65 dert, da lasse ich ihn halt hier bleiben.

Meistens hockt er sich dann auch ganz still in seine Spielecke, nimmt seinen Teddy auf den Schoß und kaut an Teddys Ohr.

Aber er hört zu, da bin ich ganz sicher, der hört ganz genau zu. Verstehen tut er bestimmt nicht alles, ach was, er ist noch viel zu
70 klein, er ist ja erst vier. Manchmal vergessen wir ihn, die Gabi und ich, weil er so still ist. Wir machen Musik und knabbern Kekse und hören immer dieselbe Platte, weil wir die so toll finden … «maledetta primavera …» was Italienisches, echt toll … die spielen wir immer wieder … Und dann singt er plötzlich mit, aus seiner Spielecke her-
75 aus, ziemlich leise und ziemlich falsch, aber das klingt so lustig und ich muss lachen … Bloß Gabi, die findet das nicht lustig, sie rümpft die Nase und singt ganz laut die richtige Melodie … aber wenn er das doch noch nicht kann, der ist ja noch klein und die Melodie ist ganz schön schwierig.

80 Ich finde das ziemlich blöd von Gabi, die braucht sich gerade aufzuspielen, die singt nämlich auch nicht immer richtig … aber Gabi hat halt keinen kleinen Bruder, das merkt man, keine Ahnung hat die.

Ob sie jetzt schon im Kinderheim sind? Müssen sie wohl, oder doch beinahe, es ist ja gleich dunkel …
85 Im Dunkeln fürchtet er sich … Aber Papa ist ja dabei. Ich fürchte mich nicht im Dunkeln, klar … aber er. Dann kann er nicht einschlafen und bettelt, ich solle ihm das italienische Lied vorsingen, und das tu ich auch manchmal … eigentlich ziemlich oft und dann summt er so leise mit und kuschelt sich … Ob die im Kinderheim
90 einen Plattenspieler haben? Ob die wohl die italienische Platte haben? Weil er die doch so gerne mag. Vielleicht kann ich sie ihm ja schicken … Aber am liebsten hat er, wenn man ihm vorsingt.

Dort singt ihm bestimmt keiner vor, ob ihm da jemand vorsingt? Wenn man ihm nicht vorsingt, dann schläft er nicht gut. Manchmal
95 heult er im Schlaf, so laut, dass man beinahe aus dem Bett fällt.

Ich weiß auch nicht, warum er heult. Er heult halt und wenn ich ihm dann was vorsinge und ihm den Teddy in den Arm drücke und die Bettdecke glatt ziehe, schläft er gleich wieder ein und dann grinst er im Schlaf …

100 Und wenn er jetzt abends im Kinderheim heult? Er heult bestimmt. Ich weiß das doch. Vielleicht hört das keiner. Oder wenn es einer hört, dann schimpfen sie mit ihm. Aber man darf nicht mit ihm schimpfen, er heult doch nicht mit Absicht. Ich weiß das. Er ist halt noch klein.

105 Naja, er kommt ja bald wieder, schon in vierzehn Tagen, das ist gar nicht so lang …

Ich habe Papa auch gesagt: Wenn er heult, dann bringe ihn lieber gleich wieder mit. Denn das bringt ja nichts. Wir können ihn schon noch ein bisschen aushalten, meine ich … Und Mama ist ja jetzt
110 schon völlig fertig, ihr Bübchen ist weg, die hockt im Wohnzimmer, sagt keinen Ton …

Ganz schön still ist es hier, richtig ungemütlich, da muss man sich erst dran gewöhnen, dass es jetzt so still hier ist, beinahe einsam.

Er stört ja eigentlich auch gar nicht so … bloß ein bisschen,
115 manchmal, wenn er Legosteintürme auf meinem Schreibtisch baut.

Vielleicht heult er jetzt … hoffentlich heult er jetzt. Ganz laut. Dann bringt ihn Papa wieder mit nach Hause. Das hat er mir versprochen. Versprochen ist versprochen. Wenn er heult, hat er gesagt, dann packe ich ihn gleich wieder ins Auto und wir fahren zurück …

120 Hoffentlich heult er, hoffentlich bringt ihn Papa wieder mit! Dann darf er auch seine blöden Türme auf meinem Schreibtisch bauen, also, nicht dauernd, aber manchmal … Dann darf er auch ganz laut mit der Platte mitsingen, und wenn Gabi eine Schnute zieht, sag ich ihr was, aber ziemlich deutlich.

125 Die hat ja keine Ahnung, wie das ist, so allein in einem Kinderheim und niemand ist da, den man kennt und alles ist ganz fremd …

Heul, Bruder, heul ganz laut, dann bringt dich der Papa wieder mit und dann bist du wieder da, und dann spielen wir … und dann
130 schenk ich dir was und du kriegst Pudding und …

Ich möchte gerne, dass du wieder da bist …

Mein kleiner Bruder soll wieder da sein!

Gudrun Mebs

WAS DENKT die große Schwester am Anfang
bzw. am Ende der Erzählung über ihren
kleinen Bruder?

NOTIERT TEXTSTELLEN, die deutlich machen,
wie sich die Meinung der Schwester
im Verlauf der Erzählung ändert.
Tauscht eure Ergebnisse aus.

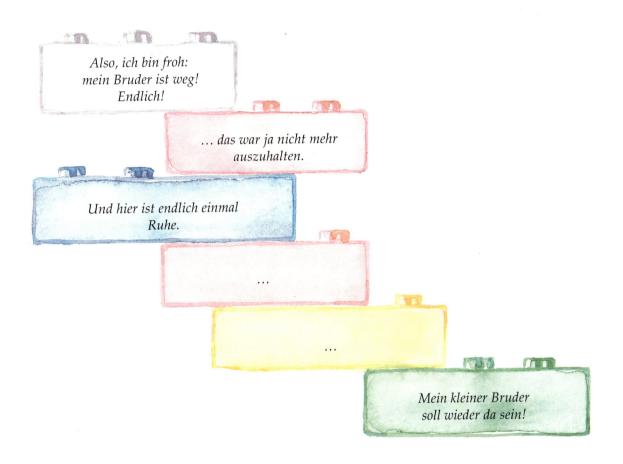

*Also, ich bin froh:
mein Bruder ist weg!
Endlich!*

*… das war ja nicht mehr
auszuhalten.*

*Und hier ist endlich einmal
Ruhe.*

…

…

*Mein kleiner Bruder
soll wieder da sein!*

WARUM ändert das Mädchen schließlich seine Meinung?

DAS MÄDCHEN schickt ihrem kleinen Bruder
ein Päckchen ins Kinderheim …
Womit könnte sie ihn überraschen?

43

Das Balg

Corinna war zehn Jahre alt, und Gigi war vier. Corinna sollte immer vernünftig sein, sie war ja die Ältere. Gigi durfte so unvernünftig sein, wie sie wollte. Das fanden die Erwachsenen dann drollig.

Corinna hatte am liebsten ganz kleine Sachen. Auf dem Wand-
5 brett über ihrem Bett standen Nussschalenbettchen mit winzigen Püppchen, ein Tablett mit Tässchen und einer Teekanne, nicht größer als ein Fingernagel, und viele kleine Tiere aus Holz und Glas und Plastik.

Gigi mochte nur große Sachen. Auf ihrem Wandbrett saßen zwei
10 dicke Stoffhunde und ein riesiger Teddy und eine große Puppe ohne Arme und Beine. Corinna hatte gern Ordnung in ihren Sachen. Aber wenn sie in der Schule war, spielte Gigi manchmal mit Corinnas kleinen Sachen. Sie brachte alles durcheinander, sie zertrat drei von den kleinen Tässchen, sie brach dem gläsernen Storch den Schnabel
15 ab und mit den winzigen Kissen aus den Nussschalenbettchen putz-te Gigi sich die Nase. Wenn Corinna dann wütend wurde, sagten die Erwachsenen: „Gigi ist doch noch so klein!"

Dann hasste Corinna ihre Schwester und sie wünschte sogar, Gigi sollte tot·sein. Aber das merkte niemand, auch Gigi merkte es nicht.
20 Dann kam Tante Felizitas zu Besuch.

Sie musste wohl sehr reich sein, denn sie sagte zu den Mädchen: „Wir gehen in den Spielzeugladen, und ihr dürft euch aussuchen, was ihr wollt. Das kaufe ich euch."

Sie gingen in den Laden.
25 Corinnna suchte sich einen Puppenliegestuhl aus, der hatte einen rot-weiß gestreiften Bezug, und er war nicht länger als eine Hand, aber man konnte ihn richtig zusammenklappen und den Sitz ver-stellen. Tante Felizitas schenkte Corinna noch eine kleine Puppe dazu.
30 Gigi suchte sich die größte Puppe im Laden aus, die war fast so groß wie Gigi selbst. Die Puppe hatte ein Gesicht mit Apfelbacken und blauen Klimperaugen, und ihr Mund war breit auseinander ge-zogen. Sie grinste immerzu.

Tante Felizitas lachte und sagte: „Ein scheußliches Balg!"
35 Gigi machte sich nichts daraus.

Corinna freute sich, dass Tante Felizitas das gesagt hatte.

Zu Hause spielte Corinna mit dem Liegestühlchen. Sie stellte es auf die Fensterbank in die Sonne und setzte die neue Puppe hinein. Sie ließ es Abend werden und klappte das Liegestühlchen zusam-

40 men, sie ließ es Morgen werden und stellte das Liegestühlchen wieder auf. Dann nähte sie einen Badeanzug für das neue Püppchen.

Gigi schleppte die große Puppe durchs Haus und zeigte sie den
Leuten in allen Wohnungen.

Dann wusste sie nicht mehr, was sie tun sollte.

45 Gigi kam zurück ins Zimmer. Sie nahm das Liegestühlchen von
der Fensterbank, sie stellte es auf den Fußboden und setzte die
große Puppe darauf. Das Liegestühlchen kippte um und die Puppe
fiel hin. Corinna sagte: „Lass! Das geht nicht. Dein Balg ist zu groß!"

Aber Gigi sagte: „Doch, das geht. Meine Puppe will auch im Lie-
50 gestuhl sitzen."

Sie versuchte es noch einmal. Sie stemmte sich mit beiden Armen
auf den Puppenbauch, sie presste das dicke Puppenhinterteil auf
das Liegestühlchen. Das Liegestühlchen knickte zusammen. Das
Holz war zersplittert. „Kaputt!", sagte Gigi erschrocken. „Kaputt!"

55 Sie sah Corinna an. Corinna legte das Nähzeug weg. Ganz langsam
tat sie das und ganz langsam kam sie durchs Zimmer.

Sie stieß die große Puppe mit dem Fuß unter Gigis Bett. Dann hob
sie das Liegestühlchen auf.

Gigi fragte: „Man kann's wieder flicken, Corinna, ja?"

60 „Nein. Kann man nicht!", sagte Corinna.

Und sie schlug Gigi ins Gesicht.

Gigi rannte zur Tür.

„Geh doch! Sag's doch!", rief Corinna.

(…)

Ursula Wölfel

WENN IHR auch Geschwister habt …
Könnt ihr von ähnlichen Erlebnissen
berichten?

UND WAS würde **Gigi** erzählen,
wenn sie aus ihrer Sicht berichtete?

WIE HÖRT SICH diese Geschichte aus der Sicht
von **Corinna** an?

WIE könnte es **hier** weitergehen?
– Ob Gigi Corinna bei ihren Eltern verpetzt?
  Oder …
– Erprobt verschiedene Möglichkeiten im Spiel.
  Anregungen dazu findet ihr auf Seite 59.

Der einarmige Engel

Der elfjährige Buster ist der Sohn eines arbeitslosen
Zauberers, der ihm viele Tricks beibringt.
Er hat es nicht leicht, in der Schule zurechtzukommen,
aber mit seiner kleinen Schwester Ingeborg,
die ein verkürztes Bein hat, versteht er sich prächtig.

Der Regen hatte allmählich aufgehört. Durch das offene Dachfenster
stahl sich der frische, laue Sommerwind hinein zu Buster und Ingeborg, die gerade in die Federn gekrochen waren.

Das kleine Zimmer mit den schrägen Wänden lag über dem
5 Wohnzimmer, eigentlich war es gar nicht zum Wohnen gedacht,
weshalb es denn auch nur zwei wackelige Esstischstühle enthielt
(einer in einem hässlicheren Rosa gestrichen als der andere) samt
einem Ungetüm von wurmstichigem Bett, das so alt war, dass es für
einen Erwachsenen zu klein, aber zum Wegwerfen zu schade war.
10 An das Bett gelehnt stand das vierte Möbelstück, eine weiße kleine
Kommode mit einer Schublade, die gar nicht aufging, es sei denn,
man kannte einen Geheimtrick. Das war Ingeborgs private Schublade, und was sie in ihr verbarg, wusste nur sie allein. Buster hatte ihr
allerdings einmal entlockt, dass darin unter anderem eine sehr schö-
15 ne alte Spieldose läge, wenn man deren Deckel aufmachte, spielte
sie eine ganz leise Melodie, zu der sich eine kleine Ballerina vor
einem Spiegel immerzu auf einem Bein drehte.

Buster und Ingeborg teilten sich diese Dachkammer, schon seit sie
vier und drei Jahre alt waren. Im Winter lagen sie mit den Köpfen
20 unter der Schräge, dann konnten sie, wenn es taute, den Schnee
vom Dach rutschen hören. Aber im Sommer legten sie sich ans
Fußende, damit sie hinaufgucken konnten in das dunkelblaue Him-
melszelt, das sich jetzt, wo der Regen aufgehört hatte, hoch und klar
über ihnen wölbte, dicht besetzt mit funkelnden Sternen.

25   „Warum ziehst du denn deine Socken nicht aus?", flüsterte Ingeborg ohne den Blick vom Fenster abzuwenden.

46

„Warum flüsterst du?", murmelte Buster.

„Weil die Sterne so schön sind", antwortete sie. „Schwitzt du nicht mit deinen Socken?"

30 „Nein. Außerdem sind doch Karate-Zeichen drauf. Siehst du den großen Stern über den drei kleinen?" Ingeborg nickte.

„Irgendwie kriege ich Angst, wenn ich in den dunklen Himmel gucke. Du auch, Buster?"

„Der Himmel ist ein Loch", sagte Buster, „ein großes Loch."

35 „Ein Loch, worin denn?"

„Was meinst du mit worin? Der Himmel ist bloß ein Loch."

„Ja, und was sind die Sterne?"

„Die Sterne … die sind gewissermaßen … die Blasen im Wasser."

So lagen sie eine Weile, bis sie hörten, dass der Vater die Nach-
40 richten im Radio abstellte. Die Mutter war längst ins Bett gegangen. Sie musste ja morgens früh aufstehen.

„Vater und Larsen haben ihre alten Ziehharmonikas wieder repa-riert", sagte Ingeborg. „Sie haben davon geredet, dass sie, wenn erst richtig Sommer wäre, wieder in den Höfen singen wollten, wie da-
45 mals, als sie jung waren." (…)

„Wenn Vater und Larsen dieses Jahr wieder losgehen und spielen, dann will ich mit", sagte Buster fest entschlossen. „Dann will ich der sein, der das Geld aufsammelt."

„Meinst du nicht, ich könnte auch mitkommen?", fragte Ingeborg.

50 „Wer weiß, wir wollen mal sehen", antwortete Buster, richtete sich auf und stellte sich so aufs Bett, dass er über die Dächer hin-wegschauen konnte. Und er konnte weit sehen. Über Bellahøj und das Utterslever Moor hinweg. Weit, weit weg lag die Stadt und schlief wie ein riesiger Haufen Schrott. Ingeborg presste ihren Kopf
55 zwischen seinen Armen hindurch nach oben. Ihr langes Haar roch nach Shampoo. Vorne fing es erst sehr weit oben auf dem Kopf an, dadurch hatte sie eine hohe, gewölbte Stirn, die ihr einen braven und sehr klugen Ausdruck verlieh. Buster schaute sie an.

„Du siehst wie ein Engel aus", murmelte er. Ingeborg kicherte.

60 „Das kommt sicher daher, dass mein Haar so lang geworden ist, oder davon, dass du die vielen Sterne anguckst."

„Vielleicht bist du ein Engel", fuhr Buster unbeirrt fort und setzte sich wieder zurück aufs Bett. „Ohne dass du es weißt."

„Ach, hör doch auf. Doch nicht mit *den* Beinen."

65 Nein, verflixt, dachte Buster, sagte aber nichts. „Aber ich habe

einmal ein Mädchen gekannt, das wirklich ein Engel war", begann er dann.

Ingeborg legte sich erwartungsvoll hin und deckte sich zu.

"Lange Zeit ging sie nur so zu Hause rum, verstehst du, sie ging
70 zur Schule, machte für ihre Mutter Besorgungen und war ganz normal wie gewöhnliche Menschen."

"Hatte sie Flügel?"

"Jetzt hör doch, bitte, erst mal zu, nein, selbstverständlich hatte sie keine Flügel. Sie hatte Beine, Arme und … ach so, das habe ich
75 übrigens vergessen zu erzählen. Sie hatte nur einen Arm. Das ist wichtig. Nur einen Arm. Aber sie ging deshalb doch in die Schule, genau wie du und ich …"

"Wurde sie wegen des Armes geärgert?"

"Ein bisschen wird man ja immer geärgert, Ingeborg. Weißt du,
80 sie riefen: Heh, du einarmiger Bandit, und umärmele ihn mal, Sofie (das Mädchen hieß Sofie), und einige riefen: Klatschst du mit den Füßen? Andere schrien: Kannst du auf den Händen gehen …?"

"Jaja, und wie ging's weiter?"

"Ja, eines Tages, sie war gerade zu Hause dabei, das Geschirrtuch
85 aufzuhängen … es war Abend, so ein Abend wie heute, sie stand draußen auf dem Balkon, weißt du, so ein großer mit Blumen und Steinfiguren, sie war also mutterseelenallein. Da plötzlich merkte sie es. Es war so, als fingen die Sterne und das Himmelsloch, das tiefe, tiefe Loch an, sie herüberzuziehen. Und es begann, in ihrem
90 Magen zu kribbeln. Und dann flog sie."

"Sie flog?"

"Ja, weit weg, sie war ein Engel geworden. Und von dem Tage an hat sie keiner mehr wegen ihres Armes geärgert."

Ingeborg drehte sich um und sah ihn genau an. "Dann hat sie also
95 Flügel bekommen."

"Überhaupt nicht, keine Flügel, du, sie flog ganz von selber."

"Mit nur einem Arm?"

"Klar, mit nur einem Arm, Ingeborg, deshalb haben sie sie ja auch nicht mehr geärgert. Begreifst du denn das nicht?"
100 Ingeborg rümpfte die Nase. Buster kehrte ihr den Rücken zu. Er war müde. In der Ferne konnten sie ein Flugzeug hören.

Bjarne Reuter

BUSTER DENKT SICH für seine
Schwester eine ganz besondere
Geschichte aus.
Warum tut er das?

WAS mag Ingeborg wohl in dieser
Nacht träumen?

48

Max, mein Bruder

Nachdem Jo mit ihren drei Geschwistern
und ihren Eltern aus dem Urlaub zurück-
gekommen ist, stellt sich heraus, dass ihr
Bruder Max ernsthaft krank ist.

Ich saß bei Max am Bett.

Er war nun doch richtig krank. Und Papas Geburtstag war nicht
gerade schön gewesen. Über das Bild hatte er sich sehr gefreut, es
hing jetzt im Flur bei uns, dorthin passte es besser als ins Wohnzim-
5 mer, meinten Mama und Papa.

Aber genau an Papas Geburtstag hatte es eben auch mit Max so
richtig angefangen. Er hatte sich so schlapp gefühlt und seitdem lag
er jetzt oft im Bett. Nicht die ganze Zeit. Manchmal stand er auf und
machte irgendwas. Aber er wurde sehr schnell müde. Mama wusste
10 sehr viel über Max' Krankheit, noch mehr als Papa, weil sie mehr
Zeit zum Lesen gehabt hatte.

Und Max musste jetzt immer scheußliche Sachen essen, die alle
ziemlich sauer schmeckten. Natürlich protestierte er oft. Aber Mama
sagte, dass es sehr wichtig sei und dass er das nur essen müsse,
15 damit er wieder gesund würde.

Und die merkwürdigsten Säfte musste er trinken, Sauerkrautsaft
und all so was. Er schimpfte immer darüber, schließlich aß und
trank er aber doch alles. Seit Max wieder zur Untersuchung im
Krankenhaus gewesen war, hatte ich nicht mehr so viel Angst. Den
20 Ärzten war nämlich vor Staunen der Mund offen stehen geblieben.

Dass Max eigentlich schlimme Schmerzen haben müsste, hatten
sie gesagt. Die hatte Max aber nicht. Es tat ihm einfach nichts weh.
Wenigstens fast nichts. Mama und Papa waren sehr glücklich darüber. Und Dr. Menze auch. Dass das von den Sachen kam, die Max
25 immer aß, sagte er. Max saß aufrecht im Bett. Mama hatte ihm jede
Menge Kissen in den Rücken gesteckt, sozusagen als Stütze und
damit ihm nicht kalt wurde. Er stocherte in seinem Gemüse herum.
„Immer dieses Essen. Ich habe keine Lust mehr darauf." Er hatte
schlechte Laune. „Und ich habe auch keine Lust mehr, noch länger
30 in diesem blöden Bett hier herumzuliegen."

„Du musst es aber doch. Das bleibt ja nicht ewig so", versuchte ich ihn zu beschwichtigen.

„Du musst! Du musst! Du musst! Lass mich in Ruhe, verdammt noch mal!"

35 Ich war ernsthaft beleidigt, ging aus dem Zimmer und knallte mit der Tür. Konnte ich etwas dafür, dass er krank war? Was bildete der sich überhaupt ein? Er sollte doch froh sein, dass wir uns überhaupt so um ihn kümmerten! Das machte man schließlich auch nicht überall so. Und überhaupt. Wenn er mich noch einmal so anschnauzte,
40 dann hatte ich keine Lust mehr. Sollte er doch ins Krankenhaus gehen! Er würde schon sehen!

(…)

Die Schule hatte natürlich längst wieder begonnen. Max war am ersten Tag noch mitgekommen. Aber es hätte keinen Zweck, mein-
45 ten Papa, Mama und auch Dr. Menze. Max müsse sich erst wieder richtig auskurieren.

Max war irgendwie schon froh darüber. In die Schule ging er nicht gern. Und trotzdem war es ihm besonders morgens sehr lang-weilig. Klar, wenn er richtig spielen oder sonst was tun könnte,
50 wäre das schon etwas anderes. Aber so im Bett, immer nur im Bett, das war bestimmt nicht so spannend.

Wir hatten große Pause.

„Krebs ist eine schlimme Sache, hat mein Vater gesagt." Tobias setzte sich neben mich.
55 „Was ist denn nun mit Max?", fragte Karen neugierig. „Wann kommt er denn endlich wieder in die Schule?"

Ich zuckte die Achseln. Ich wusste es nicht.

„So Krankheiten dauern manchmal lange." Alex kaute auf ihrem Pausenbrot.
60 „Aber in ein paar Wochen ist Max bestimmt wieder da", sagte Winne.

Tobias schüttelte den Kopf. „Das glaube ich nicht."

„Red nicht so einen Blödsinn!" Mit einem Blick auf mich fuhr Alex fort: „Weißt du, dass Max überhaupt keine Schmerzen hat?"
65 „Na und?" Tobias tat sich wichtig.

Ich wurde böse. „Ich will dir mal was sagen, du Lackaffe! Du hast doch nicht die geringste Ahnung. Ist Max dein oder mein Zwillings-bruder?" Ich war sehr aufgebracht. „Alle Ärzte wundern sich, dass ihm nichts weh tut. Ist das etwa nichts?"

50

70 „Und wieso tut ihm nichts weh, wenn ich fragen darf?" Tobias sah mich frech an.

„Weil meine Mama und mein Papa sehr viel darüber wissen. Und weil Max viel ungesundes Zeug nicht mehr essen darf." Ich holte tief Luft. „Und dafür muss er jetzt eben gesunde Sachen essen. Deswegen."

75 Tobias lachte. „Das spielt doch alles keine Rolle. Von Krebs stirbt man, das ist doch klar."

„Tut man nicht!" Ich gab ihm eine schallende Ohrfeige.

Auch Winne war böse. „Du bist gemein! Jo hat ganz Recht." Und Alex hielt Tobias ihre Faust unter die Nase. „Noch ein Wort, dann verhau' ich dich so, dass du nicht mehr weißt, wo vorne und hinten ist."

80 Tobias bekam es mit der Angst. Er rannte davon.

„Der ist wohl völlig übergeschnappt." Winne sah mich an.

85 Ja. Völlig übergeschnappt war er. Max würde nicht sterben. Niemals. Als wenn Mama und Papa so was zulassen würden. Tobias hatte doch keine Ahnung. Ein Vollidiot war er. Nichts weiter. (…)

Inzwischen war es natürlich längst Spätsommer. Genauer gesagt eigentlich schon fast Herbst. Das heißt, es war Herbst. Aber weil die Sonne immer noch so warm schien, war es vielleicht doch noch ein bisschen Spätsommer.

90 Papa hatte Max in den Garten auf die Liege gebracht und dort in Unmengen von Decken gewickelt.

Ich lag neben Max im Gras und erzählte ihm von den Sachen, die wir in der Schule durchgenommen hatten.

95 „Es gibt geistlich Behinderte", erklärte ich, „die alle in …"

„Wie heißen die?" Max sah mich erwartungsvoll an.

„Geistlich Behinderte", wiederholte ich. „Die müssen jedenfalls …"

Max prustete los. Er lachte so sehr, dass er sich den Bauch festhielt dabei. „Geistlich Behinderte! Mein Gott, bist du doof!" Er lachte sich halb schief.

100

„Was ist denn daran so lustig?" Langsam wurde ich böse. „Jetzt hör endlich auf, so zu lachen! Wahrscheinlich weißt du nicht mal, was das ist."

105 Max machte nicht die geringsten Anstalten aufzuhören. Ich bewarf ihn mit Grashalmen. Es half nicht. Er lachte immer noch.

„Jetzt reicht's mir aber!" Ich kniff ihn in den Arm.

„Aua! Du spinnst wohl!" Jetzt war auch Max böse.

„Was ist denn mit euch los?" Mama kam mit einem Teller Krank-
heitsessen für Max.

„Max hat die ganze Zeit gelacht", sagte ich.

„Und dafür hat Specki mich gekniffen."

„Jo, hör doch auf damit!", sagte Mama.

Max sah mich triumphierend an.

„Wenn der so gemein ist", versuchte ich zu erklären.

„Kommt! Jetzt vertragt euch wieder!" Sie gab Max den Teller und
ging.

Wir sagten nichts.

Ich zupfte Grashalme aus dem Boden. Max aß. „Jetzt spiel nicht
länger die beleidigte Leberwurst!", sagte Max plötzlich.

Ich zupfte weiterhin Grashalme aus dem Boden. „War doch nicht
so gemeint, Specki!"

Ich antwortete nicht.

„Ich kann auch nichts dafür, wenn du so komische Sachen sagst.
Und die Behinderten, die du meinst, heißen eben nicht geistlich,
sondern geistig Behinderte." Max hustete.

„Na und?" Ich warf Grashalme in die Luft. „Darüber brauchst du
dich noch lange nicht so lustig zu machen."

„Specki! Komm! Ist doch vorbei jetzt."

Ich sagte nichts.

„Hast du nicht Lust, mir eine Geschichte vorzulesen?" Max war
begeistert von seiner Idee.

Also gut. Wenn's unbedingt sein musste.

Ich ging nach oben und suchte Bücher mit kurzen Geschichten
zum Aussuchen für Max. Das Geisterbuch ließ ich liegen. So mitten
am Tag tat's das bestimmt nicht. Beladen mit vier Büchern rannte
ich wieder in den Garten zurück. Nicht, dass Max in der Zwi-
schenzeit noch einschlief! (…)

Mama war sehr unruhig, als wir wieder nach Hause kamen. Max
sei sehr schwach, erzählte sie. Er hatte leichte Schmerzen und ein
bisschen übel war ihm auch. Mama hatte Dr. Menze schon angeru-
fen. Er wollte gleich kommen.

Christina und Veronika sollten ins Bett. Es war längst Zeit. Ich
durfte noch aufbleiben.

Auch Papa war jetzt nervös.

Es klingelte. Dr. Menze kam. Sie gingen in Max' Zimmer. Ich
wagte es nicht, mit hineinzugehen.

Ich las Veronika und Christina zum Einschlafen noch eine Geschichte vor. Am Ende wusste ich gar nicht mehr, was ich da eigentlich gelesen hatte. Immer wieder waren meine Gedanken in Max' Zimmer gewandert.

Ich ging wieder nach unten ins Wohnzimmer.

Es war sehr still im Haus.

Ich hatte Herzklopfen.

Papa, Mama und Dr. Menze kamen die Treppe herunter. Ich stand auf und sah sie fragend an.

Sie sahen sehr ernst aus.

Mama nahm mich in den Arm. „Jo!" Sie strich mir übers Haar. „Max hat eine Bettlungenentzündung. Er wird diese Nacht vielleicht nicht überleben."

Max!

Mama hielt mich immer noch im Arm. „Möchtest du zu ihm gehen?"

Ich nickte.

„Wir sprechen noch mit Dr. Menze, dann kommen wir auch." Mama war so ruhig.

Ich hatte weiche Knie, als ich vor Max' Tür stand. Leise ging ich hinein. Und als ich Max sah, wurde ich wieder ruhig.

Ich setzte mich zu ihm und sah ihn an.

Seine Augen hatte er geschlossen. Er war etwas käsig im Gesicht. Und die Sommersprossen auf seiner Nase waren fast verschwunden.

Max atmete etwas schwerer. Aber trotzdem irgendwie gleichmäßig.

Max.

Ich nahm seine Hand und hielt sie fest.

Ich hab' dich lieb, Max!, dachte ich. Ich hab' dich lieb! Und ich habe keine Angst davor, dass du stirbst.

Ich hielt seine Hand und sagte kein Wort.

Es war still.

Wir waren zusammen.

Max war sehr schwach. Er öffnete seine Augen nicht. Ganz leicht, ich fühlte es genau, drückte er meine Hand.

Max!

Wir sagten kein Wort.

Papa und Mama kamen ins Zimmer. Dr. Menze war gegangen. Mama sah mich an und wir wussten alle, Max würde sterben.

Mama nahm seine Hand und sprach mit ihm. Ganz ruhig.
Max öffnete seine Augen. Er sah uns an und weinte, ganz kurz nur.
Sein Abschied.

190 Papa stand neben mir, und ich glaube, er weinte auch. Mir war,
als würden wir größer werden. Max, Mama, Papa und ich.

Mama sprach mit Max. Die ganze Zeit. Mit einem Tüchlein kühlte
sie seine Stirn.

Max lag ganz ruhig. Gleichmäßig hob und senkte sich seine Brust.

195 Mama fühlte Max' Puls. Sie sah, dass seine Fingerkuppen blau
wurden.

„Du wirst schön und lange schlafen", sagte Mama und streichelte
sein Gesicht. „Du wirst es wunderbar haben." Tränen liefen über
ihre Wangen. Sie gab Max ein Küsschen. Es war von uns allen.

200 Das Zimmer war blau wie das Meer, das Meer, in das wir ein-
tauchten. Nichts konnte uns passieren. Max nahm uns mit. Ein kleines Stückchen. Das Meer, tief und blau, wir waren zusammen.

Max atmete nicht mehr, so, als hätte er es vergessen. Dann atmete
er wieder. Dann noch einmal.

205 Und dann war es still.
Ganz still.

Papa schwieg. Mama weinte. Ich umarmte sie. „Mama, das
Meer!", flüsterte ich.

Sie drückte mich fest.

210 Max.
In seinem Gesicht ein kleines Lächeln.

Papa legte Max' Hände auf dem Bauch zusammen. Ich half
Mama dabei, Max sauber zu machen. Er hatte noch mal gemacht.

Sein Kinn stützten wir mit einem Tuch ab, weil die Muskeln nicht
215 mehr funktionierten.

In Max' Gesicht das Lächeln.

Wir brachten Salben, Säfte, Tücher und alle Krankheitssachen aus
dem Zimmer und stellten Blumen und Kerzen auf.

Ich streichelte Max über sein Lächeln.

220 Ruhig und erschöpft legten wir uns schließlich schlafen. (…)

Sigrid Zeevaert

MAX kann ganz friedlich und ruhig
in der Obhut seiner Familie sterben …

54

Allerliebste Schwester

Jetzt will ich ein Geheimnis erzählen, das kein Mensch außer mir kennt: Ich habe eine Zwillingsschwester.

Sagt es aber niemandem! Nicht einmal Mutti und Vati wissen davon. Denn als wir vor langer Zeit geboren wurden, meine Schwes-
5 ter und ich – es war vor sieben Jahren –, da lief meine Schwester sofort in den Garten und versteckte sich hinter dem großen Rosenstrauch, der dort ganz weit hinten steht. Denkt nur, dass sie so weit laufen konnte, obwohl sie doch eben erst geboren war!

Wollt ihr wissen, wie meine Schwester heißt? Ihr glaubt sicher, sie
10 heißt Inga oder Brigitte oder so, wie Mädchen sonst eben heißen. Aber nein, da irrt ihr euch. Sie heißt Ylva-li.

Sagt das nur mehrere Male hintereinander, ganz langsam, dann hört ihr schon, wie schön das klingt: Ylva-li, Ylva-li, Ylva-li.

Ich selbst heiße Barbro. Aber Ylva-li spricht meinen Namen nie-
15 mals aus. Sie nennt mich „Allerliebste Schwester".

Ylva-li liebt mich sehr. Vati liebt ja Mutti am meisten und Mutti liebt von allen am meisten meinen kleinen Bruder, der im Frühjahr geboren wurde. Aber Ylva-li liebt nur mich.

Gestern war es sehr heiß. Gleich frühmorgens ging ich hinaus und setzte mich hinter den Rosenbusch, wie ich es immer tue. Er steht in einer Ecke des Gartens und niemals kommt dort jemand hin.

Ylva-li und ich haben eine besondere Sprache, die keiner versteht als nur wir beide. Der Rosenbusch heißt in unserer Sprache ganz anders. Er heißt Salikon. Als ich dort beim Salikon saß, hörte ich Ylva-li rufen.

„Kim hot!"

So heißt „Komm her" in unserer Sprache. Und da kroch ich in das

Loch hinein. Im Boden ist nämlich ein Loch, gerade unter dem Salikon. Da kroch ich also hinein. Und dann stieg ich die lange, lange Treppe abwärts und ging durch den dunklen Gang bis zu
40 der Tür, die in den Goldenen Saal führt, wo Ylva-li Königin ist. Ich klopfte an.

„Ist das meine allerliebste Schwester?", hörte ich die Stimme von Ylva-li.

„Ja", sagte ich.
45 „Nicko, öffne meiner allerliebsten Schwester", sagte Ylva-li.

Dann ging die Tür auf und Nicko, der Zwerg, der für Ylva-li das Essen kocht, verneigte sich und grüßte sehr zierlich und sehr höflich, wie es so seine Art ist.

Ylva-li und ich umarmten uns lange. Aber Ruff und Duff kamen
50 angerannt und bellten und sprangen um uns herum. Ruff und Duff, das sind unsere kleinen schwarzen Pudel. Ruff gehört mir und Duff gehört Ylva-li. Ruff leckt mir die Hände und wedelt mit dem Schwanz und ist so süß.

Früher habe ich Mutti und Vati oft gebeten mir einen kleinen
55 Hund zu schenken. Sie sagten aber immer wieder, mit Hunden sei es so umständlich und dann auch teuer und außerdem gar nicht gut für Brüderchen. Deshalb bin ich so glücklich über Ruff. Ylva-li und ich spielten eine ganze Zeit mit den Hunden und hatten viel Spaß dabei. Danach gingen wir unsere Kaninchen füttern. Wir haben
60 nämlich eine ganze Menge kleiner weißer Kaninchen.

Ihr könnt euch nicht vorstellen, wie herrlich es im Goldenen Saal ist. Die Wände leuchten golden. Mitten im Saal ist ein Springbrunnen mit klarem, grünem Wasser. Ylva-li und ich baden dort oft. Als wir die Kaninchen gefüttert hatten, gingen wir zu den Pferden um
65 zu reiten. Ylva-lis Pferd ist weiß. Seine Mähne ist aus Gold und die Hufe sind auch aus Gold. Mein Pferd ist schwarz. Die Mähne und die Hufe sind aus Silber. Goldfunken und Silberfunken heißen unsere Pferde. (…)

Später ritten wir zum Schönsten Tal der Welt. Dorthin darf nie-
70 mand kommen außer Ylva-li und mir. Dort singen die Blumen und die Bäume machen Musik. Ein kleiner Bach mit klarem Wasser fließt durch das Tal. Er murmelt eine leise feine Melodie. Niemals habe ich eine schönere Melodie gehört. Ylva-li und ich standen auf der Brücke, die über den kleinen Bach führt. Wir hörten die Blumen
75 singen und die Bäume musizieren und hörten, wie der Bach seine

Melodie murmelte. Da nahm mich Ylva-li mit einem Mal fest in die Arme und sagte:

„Allerliebste Schwester, ich muss dir etwas sagen!"

Da fühlte ich einen furchtbar wehen Schmerz in meinem Herzen,
80 gerade in diesem Augenblick.

„Nein!", sagte ich. „Ich will nichts hören!"

„Doch", sagte Ylva-li, „doch, eines musst du wissen."

Da hörten die Blumen auf zu singen und die Bäume musizierten nicht mehr und die Melodie des Baches war nicht mehr zu hören.

85 „Allerliebste Schwester", sagte Ylva-li leise, „wenn die Rosen des Salikon verwelken – werde ich tot sein."

Ich sprang auf mein Pferd und ritt davon. Die Tränen liefen mir über die Wangen. Ich ritt, so schnell ich konnte. Ylva-li jagte auf ihrem Pferd hinter mir her. Wir ritten so schnell, dass Goldfunken
90 und Silberfunken ganz außer Atem waren, als wir zum Goldenen Saal zurückkamen.

Lange noch saßen wir vor dem Kaminfeuer und hielten uns eng umschlungen, Ylva-li und ich. Ruff und Duff sprangen um uns herum. Unsere Kaninchen kamen angehoppelt und wollten auch
95 dabei sein. Aber einmal musste ich doch wieder nach Hause gehen. Ylva-li brachte mich zur Tür. Wir umarmten uns fest zum Abschied.

„Komm bald wieder, allerliebste Schwester", sagte Ylva-li.

Und ich ging zur Tür hinaus und fort durch den Gang und stieg die Treppe hinauf. Von weit her hörte ich Ylva-li noch einmal rufen:
100 „Komm bald wieder, allerliebste Schwester!"

Als ich ins Kinderzimmer kam, war Mutti dort und brachte Brüderchen ins Bett. Sie war ganz weiß im Gesicht, und als sie mich sah, legte sie Brüderchen schnell hin und lief mir entgegen. Sie nahm mich in die Arme, drückte mich ganz fest und weinte und rief:
105 „Liebling, wo warst du denn? Wo bist du den ganzen Tag gewesen?"

„Hinter dem Rosenbusch", sagte ich.

„Gott sei Dank, oh, Gott sei Dank, dass du wieder da bist!", sagte Mutti und küsste mich. „Wir haben solche Angst um dich gehabt."
110 Und dann sagte sie: „Du weißt noch gar nicht, was Vati heute für dich mitgebracht hat."

„Nein, was denn?", fragte ich.

„Sieh mal in deinem Zimmer nach."

Ich lief hinein, so schnell ich konnte. Und da, in einem Korb

115 neben meinem Bett, lag ein kleines Pudelbaby und schlief. Es wachte auf, als ich herankam, sprang auf und bellte. Was war das für ein
allerliebster kleiner Hund! Ja, er war tatsächlich süßer als Ruff dort
unten im Goldenen Saal. Und er war wirklicher, viel wirklicher.
„Er gehört dir ganz allein", hörte ich Muttis Stimme.
120 Da nahm ich ihn auf meinen Arm und er bellte und war ganz
wild und versuchte, mein Gesicht zu lecken.
„Ruff heißt er", sagte Mutti.
Das war doch seltsam, nicht?
Ich habe Ruff so lieb und ich bin so froh über ihn, dass ich nachts
125 kaum schlafen kann. Neben mir liegt er, in seinem Korb vor meinem
Bett, und manchmal knurrt er im Schlaf.
Ruff gehört nur mir.
Heute Morgen, als ich in den Garten kam, sah ich, dass alle Rosen
des Salikon verwelkt waren. Und unter dem Rosenbusch war kein
130 Loch mehr im Boden.

Astrid Lindgren

BARBRO HAT eine Schwester, von der nicht
einmal Mutter und Vater wissen …

DIE SCHWESTER Ylva-li ist eine Königin, die Barbro
Allerliebste Schwester nennt.
Goldfunken und *Silberfunken* heißen ihre Pferde.
Wie erklärt ihr euch diese ungewöhnliche Sprache
zwischen Barbro und Ylva-li?

AM SCHLUSS der Geschichte sind die Blüten des
Rosenbusches verwelkt und es ist kein Loch
mehr im Boden zu sehen.
Welche Erklärung findet ihr dafür?

HÄTTET IHR auch gerne einen Zwillingsbruder
oder eine Zwillingsschwester?
Wie müsste er bzw. sie sein?

Wie könnte der Text von Ursula Wölfel (S. 44, 45) weitergehen?

Anregungen und Tipps zum Spiel

ENTSCHEIDET ZUNÄCHST, ob ihr euer Rollenspiel in der Klasse oder in kleinen Gruppen vorbereiten möchtet.

LEGT ANSCHLIEßEND fest, wer die Rollen von Corinna und Gigi im Spiel übernehmen soll.

ÜBERLEGT NUN, wie Corinna und Gigi in der gegebenen Situation handeln könnten.
– Gigi könnte z. B. nach dem Streit mit ihrer Schwester zu den Eltern laufen und bei ihnen Unterstützung suchen ...
– Gigi könnte aber auch versuchen, sich mit der Schwester zu versöhnen.
– Und was könnte Corinna tun?

VERSUCHT **verschiedene Möglichkeiten** für das Verhalten von Gigi und Corinna zu finden. Stellt diese Möglichkeiten in mehreren Rollenspielen dar.

BESPRECHT GEMEINSAM in der Klasse, ob euch die Handlungsalternativen gefallen haben.
– Hat euch das Verhalten der Figuren überzeugt?
  Nennt Gründe.
– Könnte sich die dargestellte Handlung so in Wirklichkeit abspielen?
– Welche Lösungen haben euch besonders überzeugt, welche nicht?
  Begründet.

Textende zu Ursula Wölfel: Das Balg

Gigi kam zurück. Sie bückte sich und zog die Puppe unter dem Bett hervor. Sie hielt sie Corinna hin.

„Da!", sagte sie. „Deine!" Mehr konnte sie nicht sagen, ihr Mund zitterte zu sehr.

Corinna nahm die Puppe und ließ sie gleich wieder fallen. „Das blöde Ding will ich nicht haben", sagte sie. „Und heul jetzt bloß nicht! Ich heule ja auch nicht und du hast mein Liegestühlchen kaputtgemacht, du wolltest es kaputtmachen. Du Balg, du scheußliches Balg!"

Gigi drehte sich um. Sie presste das Gesicht in ihr Kopfkissen und weinte.

Lange Zeit stand Corinna hinter Gigi und sah zu, wie sie weinte. Dann hob Corinna die Puppe auf. Sie zupfte ihr das Kleid zurecht. „Sei doch still, Gigi", sagte sie. „Ich sag' das nie wieder. Und vielleicht kann man es ja doch noch flicken, mit Pflaster oder Klebstreifen."

„Ich helf' dir!", flüsterte Gigi. Sie schluchzte immer noch.

Corinna legte die Puppe neben Gigis Kopf auf das Bett. „Komm, wir holen den Klebstreifen", sagte sie.

Aufmüpfig – schlau – spitzbübisch

Hier wird von ungewöhnlichen Menschen erzählt,
die schwierige Situationen durch pfiffige Ideen und listige Einfälle meistern.
Manchmal können sie sich durch ihre List auch vor schmerzhafter Strafe retten.

Tipps zum Lesen der längeren Texte findet ihr auf Seite 83.

Die Geschichte des respektlosen, aufmüpfigen, schlauen, spitzbübischen und immer zum Tanzen aufgelegten Güegüense

Diese Geschichte spielt vor vielen hundert Jahren mitten in Amerika. Dort lebten ganz friedlich Menschen, die wir heute Indianer nennen. Eines Tages bekamen sie Besuch, den sie nicht eingeladen hatten.
Aus Europa kamen Spanier mit Schiffen, Waffen und Soldaten über den großen Atlantik gesegelt und eroberten das Land. Sie raubten Gold und andere wertvolle Sachen und wollten die Indianer für sich arbeiten lassen. Die waren aber gar nicht damit einverstanden, dass sie nun alles tun sollten, was die Spanier ihnen vorschrieben.

60

Don Gregorio ist Statthalter des spanischen Königs in einem kleinen amerikanischen Land. Er soll mit seinen Soldaten aufpassen, dass die Indianer gehorchen. Er ist dick, weil er viel isst und trinkt und sich nicht bewegt. Er regt sich schnell auf, dann bekommt er einen
5 roten Kopf. Er kann sehr böse werden, wenn er sich ärgert. Wie die meisten spanischen Aufpasser ist er auch ein bisschen dumm. Und er ist unzufrieden. Deswegen schimpft er mit seinem Polizeihauptmann.

„Schau nur, wie es hier aussieht, Polizeihauptmann!", sagte er
10 und zeigte auf den Raum, in dem nichts als viel Papier herumlag. „Ich bin hierher gekommen, um reich zu werden. Und was ist geschehen? Die Indianer liefern kein Gold ab, Geld zahlen sie mir auch nicht. Auf den Feldern arbeiten sie ganz langsam. Aber abends fangen sie dann an zu tanzen, zu singen und fröhlich zu sein. Das
15 ärgert mich. Das muss anders werden."

„Sie sagen, dass sie kein Gold und kein Geld mehr haben. Und dass die Felder nicht mehr als das tragen, was sie zum Leben brauchen", wandte der Polizeihauptmann ein. Er ahnte, dass der Statthalter ihn jetzt wieder losschicken würde, den Indianern irgendwel-
20 che Vorschriften zu machen. Das machte er meistens, wenn er böse war. Und genauso war es auch.

„Papperlapapp. Faule Ausreden", schimpfte Don Gregorio. „Ich befehle: Alle Indianer zahlen ab heute Steuern. Wer Geld hat, muss es mir abliefern. Wer keins hat, muss eben etwas anderes hergeben,
25 was ich gebrauchen kann. Und diese Händler, die auf dem Markt allerlei Krimskrams verkaufen, brauchen eine Erlaubnis. Diese Erlaubnis kostet Geld. Und außerdem werden Tanzen, Singen und Fröhlichsein verboten. Wer trotzdem feiert, kommt ins Gefängnis." Und dabei ballte er die Fäuste.
30 Am nächsten Tag zog der Polizeihauptmann mit ein paar Soldaten los. Den Befehl des Don Gregorio hatte er auf ein langes Stück Papier schreiben lassen. Er kam sich ganz wichtig vor, als er den Indianern vorlas, was der Statthalter sich ausgedacht hatte. Aber die lachten ihn nur aus.
35 Empört kam der Polizeihauptmann zurück zu Don Gregorio.

„Diese Indianer sind frech und aufmüpfig. Kein einziges Gold-
stück, kein Geld haben sie bei meinen Soldaten abgeliefert. Einer hat
mir eine Schaufel mit Mist gegeben, den gerade eine Ziege auf der
Weide gemacht hatte. ‚Der Herr Statthalter kann sich darauf setzen
40 und seinen Hintern wärmen, wenn es ihn friert‘, hat er gesagt. Und
alle anderen haben gelacht.“

„Wer war das?“, brüllte der Statthalter.

„Güegüense, der Schlimmste der Indianer. Nichts als Ärger hat man
mit ihm und seinen beiden Söhnen, dem Ambrosio und dem Forcico.
45 Als ich vorgelesen habe, dass das Tanzen und Singen verboten ist, hat
er angefangen, ganz wild zu tanzen, und seine Söhne haben dazu
Musik gemacht. Und dann haben alle mitgefeiert. Es waren so viele,
dass wir uns gar nicht trauen konnten, sie ins Gefängnis zu stecken.“

„Bringt mir diesen Güegüense, diesen Halunken, sofort hierher. Und
50 seine Söhne auch. Denen werde ich es zeigen“, schrie Don Gregorio.
Und sein Kopf schwoll so rot an wie noch nie zuvor. Damit jagte er den
Polizeihauptmann hinaus, der sich beeilte, den Befehl auszuführen.

Güegüense und seine Söhne begannen den Tag wie immer. Sie
hatten ihren Sack gepackt mit all den Dingen, die sie auf dem Markt
55 verkaufen wollten: ein wenig Mais, ein paar Eier, die ihre Hühner
gelegt hatten. Dazu ein wenig gewebten Stoff, aus dem man Jacken
und Hosen schneidern konnte, und ein paar Krüge Schnaps. Bevor
sie sich auf den Weg machten, tanzten sie noch ein wenig, um fröh-
liche Laune zu bekommen.

60 Plötzlich unterbrach Güegüense den Tanz: „Jungs, ich glaube, wir
bekommen Ärger. Dort kommt der Polizeihauptmann des widerli-
chen Don Gregorio. Es sollte mich nicht wundern, wenn der sich
über die Geschichte mit dem Ziegenmist gestern geärgert hat.“

Da stand der Hauptmann auch schon vor der Hütte und brüllte:
65 „Auf Befehl des Statthalters: Du, Güegüense, alter Halunke, und deine
Söhne sollt mitkommen. Und eure Sachen nehmt ihr gleich mit.“

So wurde der Güegüense mit seinen Söhnen zum Statthalter Don
Gregorio gebracht. Der war recht neugierig auf den frechen Indianer, der es gewagt hatte, ihm Ziegenmist statt Geld und anderer
70 wertvoller Dinge anzubieten.

„Du bist also der Güegüense, der mir kein Gold und kein Geld geben will!", schnaufte er.

„Aber Herr Statthalter. Gold haben wir schon lange nicht mehr", antwortete Güegüense. „Das habt ihr Spanier schon vor vielen Jah-
75 ren bekommen. Und unser letztes Geld habt Ihr doch selbst im letzten Jahr einkassieren lassen."

„Das wusste ich gar nicht mehr", brummelte Don Gregorio. „Und deshalb bietest du mir Ziegenmist?"

„Bedenkt doch, Herr Statthalter. Es ist doch das Schlimmste für
80 einen so mächtigen Herrn wie Euch, wenn in kalten Nächten der Hintern friert. Der Mist der Ziege macht ihn angenehm warm. Noch besser ist natürlich, wenn man eine Ziege hat, die einem jeden Tag neuen Mist macht", entgegnete der Indianer und machte dabei eine tiefe Verbeugung.

85 Der Alte ist genauso frech wie schlau, dachte der Statthalter. Aber ich bin auch schlau. Ich werde ihm seine Ausreden schon austreiben.

„Du ziehst doch als Händler zum Marktplatz, Güegüense. Weißt du nicht, dass du dafür eine Erlaubnis brauchst?"

„Euer Hauptmann hat es uns gestern vorgelesen. Aber leider
90 habe ich kein Geld, um die Erlaubnis zu bezahlen."

„Wenn du kein Geld hast, dann gib mir etwas anderes. Aber keinen Ziegenmist", antwortete der Statthalter und dachte: Jetzt habe ich ihn. Aber Güegüense antwortete:

„Alles, was ich habe, verkaufe ich auf dem Markt. Wenn ich es
95 Euch gebe, um die Erlaubnis zu bezahlen, habe ich nichts mehr, was ich verkaufen kann. Und wer nichts zum Verkaufen hat, braucht auch keine Erlaubnis."

Als er das gesagt hatte, fing Güegüense munter an zu tanzen, seine Söhne machten Musik dazu.

100 „Ich habe das Tanzen und Singen verboten", brüllte Don Gregorio: „Schluss damit!"

Güegüense hatte wie immer den Tanz genutzt, um sich eine List auszudenken. Er gehorchte dem Statthalter.

„Ich mache Euch einen Vorschlag. Ihr seid doch ein schlauer
105 Mann. Sonst wärt Ihr ja nicht Statthalter."

Don Gregorio fühlte sich geschmeichelt.

„Mit dem Ziegenmist wart Ihr nicht zufrieden. Also will ich großzügig sein und Euch den Inhalt meines Sackes geben. Aber: Ihr bekommt ihn nur, wenn Ihr erratet, was ich darin habe."

110 „Irgendwelcher nutzloser Krempel wird es sein", maulte der Statthalter.

„Oh nein, für mich ist es wertvoller als alles Gold, das ihr Spanier uns weggenommen und über den Ozean verschifft habt."

Der Statthalter wurde ganz aufgeregt. Was ist wertvoller als Gold,
115 überlegte er. Und wenn der Alte so etwas hat, muss ich es unbedingt haben. Außerdem wollte er beweisen, dass er tatsächlich schlau ist. Und so dachte er erst einmal nach. Hat der Güegüense ein Metall, das noch härter ist und glänzender als Gold? Oder etwa eine Maschine, mit der man Gold machen kann? Oder hat er hier Edelsteine gefun-
120 den, wie sie in Spanien die reichen Leute an Ringen und Ketten tragen? Danach sahen der Güegüense und sein Sack wirklich nicht aus.

Während der Statthalter so rätselte, hatten sich abwechselnd die beiden Söhne Güegüenses auf den Sack gesetzt. Ambrosio, der mit dem roten Gürtel. Und Forcico, der mit dem orangenen Gürtel. Und
125 beide hatten gespannt Don Gregorio angesehen, der aber immer noch nicht wusste, wie er Güegüenses Rätsel lösen sollte. Schließlich hatte der Statthalter keine Lust mehr, sich den Kopf zu zerbrechen.

„Du willst mich hereinlegen, alter Güegüense. Aber ich bin schlauer: Es gibt nichts, was wertvoller ist als Gold."

130 „Oh doch, für mich schon", entgegnete der Indianer.

„In meinem Sack sind ein paar Maiskolben. Die röste ich mir über dem Feuer, wenn ich hungrig bin. Und zum Nachtisch esse ich ein Ei, das mein Huhn mir gelegt hat. Werdet Ihr von Gold satt, wenn der Magen knurrt, Herr Statthalter?

135 Dann habe ich noch ein Stück gewebtes Tuch dabei und ein paar Scheite Holz und einen Feuerstein. Daraus kann ich mir eine Hose und ein Hemd machen und ein Feuer, wenn es abends kalt wird und ich friere. Könnt Ihr Euch mit Gold wärmen, Don Gregorio?

Das ist aber noch nicht alles. Eine Flasche Schnaps habe ich im
140 Sack und eine Trommel. Da trinke ich einen Schluck und mache Musik. Dann kann ich tanzen und lachen. Macht Euch etwa Gold fröhlich, Herr Statthalter?

Und das Wertvollste: Auf dem Sack sitzen meine Söhne. Die essen und trinken, singen und tanzen mit mir.

145 Und was ist für einen Menschen wichtiger, als satt, warm und fröhlich zu sein und zwei Söhne zu haben, mit denen man dies alles teilen kann?"

„Nun gut, ich habe eine Tochter, die mir auch sehr lieb ist", knurrte der Statthalter. Aber er musste zugeben, dass Güegüense
150 wieder schlauer gewesen war.

Dann dachte er nach: Gold und Geld hat er nicht. Seinen Sack bekomme ich auch nicht. Und was soll ich mit ein bisschen Mais, Feuerholz, einem Schnaps und einer Trommel. Aber seine Söhne sehen kräftig aus. Dann sollen die wenigstens für mich arbeiten. (…)

Maria López Vigil

DIESE GESCHICHTE hat einen ganz
   ungewöhnlichen Titel ...
   Wer kann ihn ohne Atempause lesen?

DIE INDIANER gehen abends nach Hause und erzählen,
   was sie erlebt haben.
   – **Wie** werden sie Don Gregorio beschreiben?
   – **Was** werden sie auf jeden Fall berichten?

LASST DON GREGORIO und den listigen Güegüense
   beim Lesen **lebendig** werden.
   – Welche Textstellen könntet ihr besonders
   wirkungsvoll vorlesen?
   Welche werden eure Zuhörer am meisten
   amüsieren?
   – Probiert einmal ganz unterschiedliche
   Lesarten aus.

WENN DIE SOLDATEN an diesem Tag nach Hause kommen,
   sind sie bestimmt sehr verunsichert.
   So einen Kerl haben sie ganz sicher noch nicht erlebt!
   – **Was** könnten die Soldaten über Güegüense und seine Söhne
   erzählen?
   – Welche Fragen könnten ihre Familienmitglieder
   an sie richten?

Achmed, der Narr

Wohlgefällig ließ der Sultan sein Auge auf dem neuen Leibdiener ruhen und befahl ihm: „Geh, Achmed, und bereite mir ein Frühstück!"

Achmed gehorchte und tat, wie sein Herr ihm befohlen.

5 Doch als der Sultan in sein Frühstückszimmer kam, begann er gewaltig zu schreien und seinen neuen Diener zu schelten: „Achmed, du verflixter Schlingel, ich werde dich in den Kerker werfen lassen! Soll das etwa mein Frühstück sein!" Und was hatte Achmed auf dem kostbaren Frühstückstisch bereitgestellt: eine Tasse Kaffee, drei

10 Reisbrotfladen und etwas Honig, genau das, was er selbst zu frühstücken gewohnt war.

Und weiter nichts.

„Wenn ich ein Frühstück bestelle", belehrte ihn der Sultan, „hat Folgendes da zu sein: Kaffee, Mokka, Tee und Schokolade, Reisbrot,

15 Maisbrot, Weizenbrot und Haferschleim, Butter, Sahne, Milch und Käse; Schinken, Wurst, Eier und Gänseleber, Trüffeln, Oliven, Feigen und Datteln, Honig, Marmelade, Gelee und Apfelmus, Pfirsiche, Orangen, Zitronen und Nüsse, weißer Pfeffer, roter Pfeffer, gelber Pfeffer, Knoblauch und Zwiebeln, Rosinen, Mandeln und

20 Kuchen. Verstanden?!"

„Verzeiht, o Herr, dem niedrigsten Eurer Knechte", rief Achmed und gelobte des langen und breiten Besserung. Hussein der Siebente, der sich selber für einen gütigen und gerechten Herrscher hielt, ließ Gnade vor Recht ergehen und verzieh seinem Diener.

25 Am Nachmittag befahl er: „Achmed, geh und richte mir ein Bad!"

Achmed gehorchte und tat, wie sein Herr ihm befohlen. Doch als der Sultan in sein Badezimmer kam, begann er gewaltig zu schreien und seinen neuen Diener zu schelten: „Achmed, du verflixter Schlingel, ich werde dich in den Kerker werfen lassen! Soll das etwa

30 mein Bad sein!?" Und wie hatte Achmed dem Sultan das Bad bereitet? So, wie er selber zu baden gewohnt war: Lauwarmes Wasser war in dem kostbaren Marmorbecken, daneben lagen ein Stück Seife und ein Handtuch.

Und weiter nichts.

35 „Wenn ich ein Bad bestelle", belehrte ihn der Sultan, „hat Folgendes da zu sein: heißes Wasser, laues Wasser und kaltes Wasser,

Ambra, Moschus und Lavendel, Seife, Creme und Eselsmilch, Tücher, Laken und Decken, Rasierzeug, Kämme und Scheren, der Bader, der Friseur, Kosmetiker, Masseure und Musikanten. Verstan-
40 den?!"

„Verzeiht, o Herr, dem niedrigsten Eurer Knechte", rief Achmed und gelobte des langen und breiten Besserung. Hussein der Siebente, der sich selber für einen gütigen und gerechten Herrscher hielt, ließ Gnade vor Recht ergehen und verzieh seinem neuen Diener.

45 Am anderen Morgen, gleich in der Frühe, rief der Sultan den Leibdiener an sein Lager. „Oh, Achmed", jammerte er, „ich bin krank, sehr krank und habe arge Schmerzen! Geh schnell und hole mir einen Arzt!"

Achmed sah voller Mitgefühl auf den großmächtigen Herrscher,
50 der sich auf den kostbaren Kissen hin und her wälzte. Er überlegte, was er wohl tun würde, wenn er selbst krank wäre, aber da fiel ihm ein, was für Lehren er gestern erhalten hatte.
Er gelobte, alles Nötige zu besorgen,
und lief eilig von dannen.

55 Vergeblich wartete der Sultan auf seine Rückkehr. Er wartete eine ganze Stunde und noch eine Viertelstunde. Kein Achmed erschien und auch kein Doktor. Sicher hatte der neue Diener wieder Unsinn angestellt, anstatt seine Befehle zu befolgen. Nun, diesmal wollte er ihn ganz bestimmt in den Kerker werfen lassen.

60 In gewaltigem Zorn rannte er im Zimmer auf und ab. Da kam Achmed, völlig außer Atem und in Schweiß gebadet, hereingestürzt.

„Achmed, du verflixter Schlingel!", schrie der Sultan. „Ich werde dich …"

Doch der Diener unterbrach seinen Herrn: „Mein Herr und Ge-
65 bieter, es ist alles besorgt: Wundarzt, Feldscher, Bader, Zahnarzt, Nervenarzt und Wurzelhexe sind im Serail, der Imam wartet mit dem heiligen Öl, die letzte Fußwaschung ist bestellt, Blumen und Kränze werden geflochten, Musikanten und Klageweiber sind ange-treten, der Muezzin ruft vom Minarett, das Grab ist geschaufelt und
70 der Leichenwagen steht vor der Tür."

Als der Sultan das hörte, musste er so fürchterlich lachen, dass ihm sein dicker Bauch wackelte und die Tränen ihm aus den Augen schossen; er konnte sich gar nicht wieder beruhigen.

Weil aber das Lachen eine gute Medizin ist, hatte er seine Krank-
75 heit ganz und gar vergessen und lachte sich über diesen Streich sei-nes Dieners völlig gesund.

Hussein der Siebente, der sich selber für einen gütigen und ge-rechten Herrscher hielt, erkannte die weise Lehre, die ihm sein Skla-ve gegeben hatte, und ernannte Achmed zu seinem Hofnarren. Er
80 sollte immer um seinen Herrn sein und ihn mit Späßen aller Art er-freuen, aber auch Rat und Auskunft erteilen, wenn der Sultan in schwierigen Angelegenheiten seinen Narren befragen wollte.

Herbert Birken

DIE ANSPRÜCHE des mächtigen Sultans
an seinen Diener sind gewaltig.
Macht durch ausdrucksstarkes Lesen deutlich,
wie sie in **Achmeds Ohren** klingen!

Wenn ich …

ACHMED findet einen Weg, dem Sultan
in geeigneter Weise zu antworten.
– Sucht diesen Abschnitt im Text.
– Lest diese Stelle auf verschiedene Arten vor:
demütig, stolz, spitzbübisch, nüchtern,
verschmitzt, heiter, ironisch …
Was passt eurer Meinung nach am besten?

JETZT IHR!
– Denkt euch noch andere Situationen aus, in
denen der Sultan Achmed einen Auftrag gibt.
Was würde wohl passieren, wenn Achmed z.B.
einen **Jagdausflug** oder einen **Staatsbesuch**
organisieren sollte?
– Fügt solche Episoden in den Text ein.

Vorbereitung eines Jagdausflugs

Welche Waffen?   Lanzen
                        Bogen und Pfeile
                        Fangnetze
                        …

Welche Reittiere?   Kamele
                        Elefanten
                        Pferde
                        …

Die beiden Traumdeuter

Es war einmal ein Sultan, der träumte, dass ihm alle Zähne ausge-
fallen wären. Am Morgen ließ er, noch auf nüchternen Magen, seinen ersten Traumdeuter rufen. Der Herrscher erzählte, was ihn die
Nacht über so beunruhigt hatte, und fragte:

5 „Was bedeutet es, dass mir die Zähne verloren gingen?"

„Ach, welch ein Unglück, Herr!", rief der Befragte aus. „Für jeden
der Zähne verlierst du einen Angehörigen!"

„Was, du Sohn einer Hündin!", schrie der Sultan den Traumdeuter an. „Das wagst du mir zu sagen?"

10 Und er gab Befehl, an dem Unverschämten sofort die Bastonade*
zu vollziehen und ihm fünfzig Stockhiebe auf die Fußsohlen zu
geben.

Während der Unglückliche jammernd seine Strafe empfing,
wurde der zweite Traumdeuter vor den Herrscher geführt. Kaum

15 hatte er den Traum gehört, als er verzückt die Hände gen Himmel
warf und ausrief: „Elhamdülillah, mein Gebieter! Das Lob sei Gott!
Allah schenkt dir Heil und langes Leben! So viele Zähne du verloren hast, so viele deiner Angehörigen wirst du überleben."

Da heiterte sich das Gesicht des Sultans auf. Er dankte dem

20 Traumdeuter und ließ ihm von seinem Schatzmeister fünfhundert
Piaster auszahlen. „Du hast sie wohl verdient", sagte der Sultan,
„denn du erkennst mehr als andere Sterbliche."

„Warum sollst du klüger sein als die andern?", flüsterte einer der
Höflinge dem Traumdeuter zu, als er in Gnaden entlassen worden

25 war und strahlend durch die Pforte des Palastes schritt. „Du hast
den Traum im Grunde doch nicht anders gedeutet als dein Vor-
gänger."

„Das ist wohl richtig", versetzte der Traumdeuter. „Aber vergisst
du die alte Weisheit, mein Freund, dass es immer auf das **Wie** an-

30 kommt? Verstehst du, wie man es sagt?"

Unbekannter Verfasser

*Prügelstrafe

DIE BEIDEN TRAUMDEUTER formulieren
die Deutung des Traumes ganz unterschiedlich.
Und dennoch meinen beide dasselbe ...

IHR KENNT SICHER viele Situationen,
in denen es auch darauf
ankommt, **wie** man etwas sagt ...

72

Nasreddin lässt sich nicht foppen

Ein junger Mann ohne Erfahrung hatte auf einer Reise eine kleine Auswahl chinesischen Porzellans gekauft. Im Hafen angelangt und eben im Begriff sich auszuschiffen, fasste er den Plan, sein Porzellan wegtragen zu lassen, ohne den Träger für seine Mühe zu bezahlen.

5 Er traf dabei auf Nasreddin und sagte zu ihm: „Wenn du mir diesen Pack in meine Karawanserei trägst, so werde ich dir drei gute Ratschläge geben."

„Einverstanden", antwortete Nasreddin dem schlauen Gesellen. Er nahm die Last auf und trug sie in die Karawanserei. Als er dort ein

10 paar Stufen emporgestiegen war, sagte er: „Nun höre ich."

Der andere sagte: „Wenn man dir sagt, dass der Hunger dem Satt-sein vorzuziehen sei, so glaube es nicht."

„Ich verstehe", sagte der Hodscha und ging wieder ein paar Stufen weiter. Dann sagte er: „Was hast du mir noch zu sagen?"

15 „Wenn man dir sagt, die Armut sei besser als der Reichtum, so glau-be es nicht."

Nasreddin ging weiter und bat ihn nach einigen Stufen wieder zu sprechen.

„Zum Dritten: wenn man dir sagt, dass es besser ist, zu Fuße zu

20 gehen als zu reiten, so glaube es nicht. Das sind die Ratschläge, die ich dir geben wollte."

Nasreddin stieg die Treppe vollends hinauf und als er ganz oben war, warf er seine Last hinunter. Der junge Mann schrie: „Was machst du da?" Und der Hodscha sagte: „Wenn man dir sagt, dass in dem

25 Pack da ein einziges Stück heil und ganz geblieben ist, so glaube es nicht."

Gerd Frank

WAS HÄTTET IHR an Nasreddins Stelle getan?

DENKT EUCH weitere Möglichkeiten aus, wie man auf die drei „Ratschläge" des Reisenden antworten bzw. reagieren könnte.

73

Der Axtbrei

Ein alter Soldat wanderte durch das Land.
Vom weiten Weg ermüdet verlangte ihn
mächtig nach Essen. Als er in ein Dorf kam,
klopfte er an das letzte Haus.

5 „Lasst einen Wandersmann ein und eine
Weile rasten."

Eine alte Frau öffnete die Tür.

„Komm herein, Soldat!"

„Hast du was zu beißen, Frauchen?"

10 Die Alte besaß alles im Überfluss, war jedoch zu geizig, dem Soldaten etwas abzuge-
ben, und tat so, als ob sie sterbensarm sei.

„Ach, guter Mann, ich habe heute selbst
noch nichts gegessen: es ist rein gar nichts
15 im Haus."

„Na schön, wo nichts ist, da ist nichts",
sagte der Soldat.

Da bemerkte er unter der Bank ein Beil
ohne Stiel.

20 „Wenn nichts anderes da ist, kann man
auch aus einem Beil Grützbrei* kochen."

Die Hausfrau schlug die Hände zusammen: „Wie könnte man aus einem Beil
Grützbrei kochen?"

25 „Ganz einfach, gib mal einen Kessel her!"

Die Alte brachte den Kessel. Der Soldat
wusch das Beil, legte es in den Kessel, goss
Wasser darüber und stellte ihn aufs Feuer.

Die Frau schaute dem Soldaten zu und
30 ließ kein Auge von ihm.

Der Soldat langte nach einem Löffel, rührte das kochende Wasser um, kostete.

„Na, wie schmeckt's?", fragte die Alte.

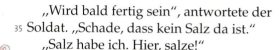

„Wird bald fertig sein", antwortete der
35 Soldat. „Schade, dass kein Salz da ist."

„Salz habe ich. Hier, salze!"

Der Soldat tat Salz hinzu, kostete abermals.

„Wenn man noch eine Hand voll Grütze
40 hineintäte …"

Die Alte brachte ein Säckchen Grütze aus
der Kammer.

„Hier hast du, was du brauchst. Tu es
hinein!"

45 Der Soldat kochte, kochte, rührte um,
kostete abermals. Die Alte sah zu, konnte
den Blick nicht losreißen.

„Donnerwetter, ein feiner Grützebrei!",
lobte der Soldat. „Nur ein bisschen Butter
50 gehörte noch hinein, dann wäre es ein Fest-
schmaus!"

Auch Butter fand sich bei der Alten.

Sie richteten die Grütze an.

„Nimm einen Löffel, Frauchen!"

55 Sie aßen die Grütze und lobten sie.

„Wirklich, ich hätte nicht gedacht, dass
man aus einem Beil einen so guten Grützbrei
kochen kann", wunderte sich die Alte.

Der Soldat schmauste und lachte sich eins.

Erich Müller-Kamp

besteht aus grob gemahlenem, enthülstem Getreide

AM ABEND erzählt die Alte ihrem
Mann, was sie erlebt hat.
– Wie mag sich die Geschichte aus **ihrer**
Perspektive anhören?
– Wer möchte, kann diese Geschichte
aufschreiben.

Rasseln für Prasseln

In der Tempelstraße zu Kioto lebten zwei Nachbarn, deren Geschäftsläden einander gegenüberlagen. Der eine war ein reicher Kaufmann, aber er war so geizig, dass er, wie das Sprichwort sagt, noch den Kieselstein abgepellt hätte, wenn es ihm etwas einbrachte.
5 Der andere war ein Fischhändler, dessen Kochkunst in der ganzen Stadt berühmt war. Nichts kam seinen gebratenen Aalen gleich. Darum war sein Laden nie leer von Kunden. Vom frühen Morgen an bis in die späte Nacht röstete er zerstückte Fische an Bambusspießchen über der Glut von Holzkohlen und briet seine Aale in
10 prasselndem Öl oder dämpfte sie in würziger Sojabrühe.

Der Kaufmann überlegte sich lange, wie er sich diese verlockende Nachbarschaft zunutze machen könnte, ohne dass es ihn etwas kostete. Eines Tages begab er sich mit seinem Napf voll gekochtem Reis gewissermaßen zu einem freundnachbarlichen Besuch hinüber und
15 ließ sich neben einer der dampfenden Bratpfannen nieder. Dann begann er, sich den Reis mit seinen Essstäbchen, die er nicht zu Hause gelassen, in den Mund zu schieben und dazu den köstlichen Geruch nach gebackenen Fischen und siedendem Fett durch die Nase zu ziehen. Eigentlich war es ihm gleich, ob er einen Fisch oder einen
20 Aal nun wirklich verzehrte oder sich nur an ihrem Duft labte. Er gab die herrlichste Würze zu seinem Reis und kostete nichts.

Von da an kehrte er alle Tage wieder und wenn er bei sich überschlug, was er auf diese Weise ersparte, so mundete es ihm nur desto besser. Aber auch der Fischhändler machte ihm nach einer
25 Weile einen Besuch. Er brachte eine Rechnung über soundso viel Monate täglicher Verköstigung der Nase des Herrn Nachbarn mit und überreichte sie mit einer höflichen Verbeugung. Der Kaufmann nahm sie mit einer ebenso höflichen Verbeugung entgegen und nachdem er die Forderung geprüft, hieß er seine Frau den Geldkas-
30 ten bringen. Er nahm eine Hand voll Gold- und Silberstücke heraus, warf sie in eine Porzellanschüssel und rüttelte sie und schüttelte sie hin und her, dass die Münzen hell erklangen. Dann berührte er die Rechnung, die er auf den Tisch gelegt hatte, mit seinem Fächer und verbeugte sich abermals. „Das wäre denn berichtigt", sprach er,
35 „und somit sind wir quitt, mein werter Freund."

„Wie", rief der Fischhändler erstaunt, „Sie werden sich doch nicht weigern zu bezahlen?"

„Keineswegs", antwortete der Kaufmann, „Sie berechnen mir den Duft Ihrer Aale und ich bezahle ihn mit dem Klirren meines Geldes.
40 Rasseln für Prasseln, lieber Herr Nachbar."

Aus dem Japanischen, nacherzählt von Paul Alverdes

Der Bauer und der Teufel

Es war einmal ein kluges und verschmitztes Bäuerlein, von dessen Streichen viel zu erzählen wäre. Die schönste Geschichte ist aber doch, wie er den Teufel einmal drangekriegt und zum Narren gehabt hat.
5 Das Bäuerlein hatte eines Tages seinen Acker bestellt und rüstete sich zur Heimfahrt, als die Dämmerung schon eingetreten war. Da erblickte er mitten auf seinem Acker einen Haufen feuriger Kohlen und als er voll Verwunderung hinzuging, so saß oben auf der Glut ein kleiner schwarzer Teufel. „Du sitzest wohl auf einem Schatz?",
10 sprach das Bäuerlein. „Jawohl", antwortete der Teufel, „auf einem Schatz, der mehr Gold und Silber enthält, als du dein Lebtag gese-

hen hast." „Der Schatz liegt auf meinem Feld und gehört mir",
sprach das Bäuerlein. „Er ist dein", anwortete der Teufel, „wenn du
mir zwei Jahre lang die Hälfte von dem gibst, was dein Acker her-
15 vorbringt: Geld habe ich genug, aber ich trage Verlangen nach den
Früchten der Erde." Das Bäuerlein ging auf den Handel ein. „Damit
aber kein Streit bei der Teilung entsteht", sprach es, „so soll dir
gehören, was über der Erde ist, und mir, was unter der Erde ist."
  Dem Teufel gefiel das wohl, aber das listige Bäuerlein hatte
20 Rüben gesät. Als nun die Zeit der Ernte kam, so erschien der Teufel
und wollte seine Frucht holen, er fand aber nichts als die gelben,
welken Blätter, und das Bäuerlein, ganz vergnügt, grub seine Rüben
aus. „Einmal hast du den Vorteil gehabt", sprach der Teufel, „aber
für das nächste Mal soll das nicht gelten. Dein ist, was über der
25 Erde wächst, und mein, was darunter ist." „Mir auch recht", antwortete das Bäuerlein. Als aber die Zeit zur Aussaat kam, säte das
Bäuerlein nicht wieder Rüben, sondern Weizen. Die Frucht ward
reif, das Bäuerlein ging auf den Acker und schnitt die vollen Halme
bis zur Erde ab. Als der Teufel kam, fand er nichts als die Stoppeln
30 und fuhr wütend in eine Felsenschlucht hinab. „So muss man die
Füchse prellen", sprach das Bäuerlein, ging hin und holte sich den
Schatz.

Brüder Grimm

Tauschgeschäfte

Der Samstagmorgen war gekommen; die
ganze sommerliche Welt war strahlend
frisch und bis zum Überströmen vom
Leben erfüllt. In jedem Herzen erklang ein
5 Lied und war das Herz jung, dann drang
die Melodie auch über die Lippen. In jedem
Gesicht lag Fröhlichkeit und in jedem
Schritt federnde Kraft. Die Robinien standen in voller Blüte und ihr Duft erfüllte die
10 Luft.

Der Cardiff-Hügel, der sich auf der anderen Seite über die kleine Stadt erhob, war
mit üppigem Grün bedeckt und er lag gerade fern genug um als ein „Gelobtes Land"
15 zu scheinen, träumerisch, ruhevoll und ein-
ladend.

Auf dem Bürgersteig erschien Tom mit
einem Eimer Weißkalk und einem langstie-
ligen Pinsel. Er besah sich den Zaun und
20 die Natur verlor ihren frohen Glanz; tiefe
Schwermut senkte sich auf sein Gemüt. Ein
dreißig Yard* langer, drei Yard hoher Zaun!
Das Leben schien ihm hohl und leer und
das Dasein nichts als eine Last. Seufzend
25 tauchte er den Pinsel ein und ließ ihn über
die oberste Planke gleiten; er wiederholte
das Verfahren und dann noch ein zweites
Mal, verglich den unbedeutenden Streifen
Tünche mit dem sich weithin erstreckenden
30 Kontinent ungeweißten Zauns und setzte
sich entmutigt auf die Verschalung eines
Baumes. Aus dem Tor kam mit einem
Blecheimer in der Hand Jim herausgehüpft;
er sang „Die Frauen von Buffalo".

Yard: Längenmaß in den USA, entspricht 0,914 m

35 Bisher war es in Toms Augen immer eine
scheußliche Arbeit gewesen Wasser von der
Gemeindepumpe zu holen, jetzt aber kam
es ihm nicht so vor. Er dachte daran, dass es
an der Pumpe ja Gesellschaft gab. Dort
40 warteten ständig Jungen und Mädchen,
Neger und Mulatten, bis sie an der Reihe
waren, ruhten sich währenddessen aus,
tauschten Spielsachen miteinander, zankten
sich, prügelten sich und tollten herum. Er
45 dachte auch daran, dass Jim, obgleich die
Pumpe nur hundertfünfzig Yard entfernt
stand, nie vor einer Stunde mit einem

Eimer Wasser zurückkehrte, und selbst dann musste ihn gewöhnlich jemand holen gehen. Tom sagte: „Hör mal, Jim, ich hol das Wasser, wenn du ein bisschen streichst."

Jim schüttelte den Kopf und antwortete: „Geht nicht, Master Tom. Die alte Missis, die hat gesagt, ich soll Wasser holen gehn und nicht stehn bleiben und mit niemand keine Dummheiten nicht machen. Hat erklärt, sie nimmt an, Master Tom würd mir auftragen, ich soll Zaun streichen, und sie hat gesagt, ich soll weitergehn und mich um meine eignen Angelegenheiten kümmern – um das Streichen würd sie sich kümmern."

„Ach, scher dich doch nicht um das, was sie gesagt hat, Jim. So redet sie doch immer. Gib mir mal den Eimer – ich bleib nicht mal 'ne Minute weg. Sie wird's doch nicht merken."

„Oh, ich trau mich nicht, Master Tom. Die alte Missis, die nimmt mich bestimmt und reißt mir den Kopf ab. Das macht sie, ganz sicher."

„Die! Die haut doch nie jemand – bumst einen ein bisschen mit dem Fingerhut auf den Kopf, und wen stört das, möcht ich wissen! Sie schimpft ja schrecklich, aber Schimpfen tut nicht weh – wenigstens nicht, wenn sie nicht weint. Jim, ich geb dir eine Murmel. Eine weiße Glaskugel geb ich dir!"

Jim wurde schwankend.

„Eine weiße Glaskugel, Jim, und die läuft scharf!"

„Ach, ist das eine prima Murmel, muss ich sagen. Aber, Master Tom, ich hab Angst vor der alten Missis."

Jim war jedoch nur ein Mensch – die Anziehungskraft dieses Stücks war zu groß. Er setzte den Eimer ab und nahm die weiße Glaskugel. In der nächsten Minute flog er mit dem Eimer und einem prickelnden Hintern die Straße hinunter; Tom strich, was das Zeug hielt, und Tante Polly zog sich, einen Pantoffel in der Hand und Triumph im Blick, vom Felde zurück.

Toms Energie hielt jedoch nicht an. Ihm fielen die vergnüglichen Dinge ein, die er für heute geplant hatte, und sein Kummer vervielfachte sich. Bald mussten die Jungen, die frei waren, auf allen möglichen herrlichen Expeditionen hier vorbeigesprungen kommen und sie würden ihn furchtbar auslachen, weil er arbeiten musste – schon der Gedanke daran brannte wie Feuer. Er holte seine weltlichen Schätze hervor und betrachtete sie – Teile von Spielsachen, Murmeln und allerlei Plunder, genug um vielleicht einen Arbeitstausch zu erkaufen, aber nicht genug um auch nur eine halbe Stunde wahrer Freiheit zu erhandeln. So steckte er seine beschränkten Mittel wieder in die Tasche und gab den Gedanken an den Versuch auf, die Jungen zu kaufen. In diesem düsteren, hoffnungslosen Augenblick durchfuhr ihn eine Eingebung. Nicht mehr und nicht weniger als eine grandiose, fabelhafte Eingebung. Er nahm seinen Pinsel zur Hand und begab sich ruhig an die Arbeit. Kurze Zeit darauf kam Ben Rogers in Sicht,

120 genau der Junge, vor dessen Spott er sich
am meisten gefürchtet hatte. Bens Gang
war ein einziges Hüpfen, Tanzen und
Springen – Beweis genug, dass sein Herz
leicht und voll hoch gespannter Erwartun-
125 gen war. Er aß einen Apfel und stieß in regelmäßigen Abständen ein langes, melodi-
sches Heulen aus, dem ein tief tönendes
Bim-bam-bam, Bim-bam-bam folgte, denn
er stellte einen Dampfer dar. Als er heran-
130 zog, drosselte er die Geschwindigkeit, hielt
sich in der Straßenmitte, lehnte sich weit
nach Steuerbord über und drehte gemessen,
umständlich und mit großem Aufwand bei,
denn er verkörperte den Dampfer „Big Mis-
135 souri" und war sich bewusst, neun Fuß
Tiefgang zu haben. Er war Dampfer, Ka-
pitän und Schiffsglocke in einem, und so
musste er sich einbilden, er stehe auf seinem eigenen Hurrikandeck, erteile Befehle
140 und führe sie auch aus.

„Stop, Sir! Bim-bim-bim." Die Vorwärts-
bewegung hörte fast gänzlich auf und er
steuerte langsam den Bürgersteig an. „Maschine volle Kraft rückwärts! Bim-bim-
145 bim!" Er streckte die Arme steif an den Seiten hinab. „Steuerbord achteraus!
Bim-bim-bim! Tschuk-tsch-tschuk-tschuk-
tschuk!" Seine rechte Hand beschrieb statt-
liche Kreise, denn sie stellte ein vierzig Fuß
150 hohes Schaufelrad dar. „Backbord achteraus! Bim-bim-bim! Tschuk-tsch-tschuk-
tschuk!" Nun begann die linke Hand Kreise
zu beschreiben.

„Steuerbord stop! Bim-bim-bim! Back-
155 bord stop! Steuerbord langsame Fahrt voraus! Stop! Das äußere Rad langsame Fahrt!
Bim-bim-bim! Tschuk-uk-uk! Bugleine heraus! Los jetzt! Kommt – raus mit dem

Spanntau – was macht ihr denn da! Vertäut
160 doch das Doppelpart über den Poller. Ran
an die Landungsbrücke jetzt – los! Alle Ma-
schinen stop jetzt, Sir! Bim-bim-bim!"

„Scht! Scht! Scht!" (Ausprobieren der
Dampfhähne.)
165 Tom tünchte weiter – er kümmerte sich
nicht um den Dampfer. Ben starrte ihn
einen Augenblick an und sagte dann:

„Heda! Du steckst in der Patsche, was?"
Keine Antwort. Mit dem Auge des
170 Künstlers begutachtete Tom seinen letzten
Strich; dann fuhr sein Pinsel noch einmal
mit leichtem Schwung darüber hinweg und
er begutachtete das Ergebnis von neuem.
Ben bezog neben ihm Stellung. Beim An-
175 blick des Apfels lief Tom das Wasser im
Munde zusammen, er blieb jedoch bei seiner Arbeit. Da sagte Ben: „Hallo, alter
Junge; musst arbeiten, was?"

„Ach, du bist's, Ben. Hab's gar nicht ge-
180 merkt."

„Ich geh schwimmen, hörst du? Würdest
du nicht auch lieber mitkommen? Aber
natürlich, du möchtest lieber schuften,
nicht wahr?"
185 Tom betrachtete den Jungen ein Weilchen
und fragte dann: „Was nennst du denn Arbeit?"

„Na, ist das vielleicht keine Arbeit?"
Tom machte sich wieder ans Tünchen
190 und meinte gleichgültig: „Na, vielleicht,
vielleicht auch nicht. Ich weiß nur eins:
Tom Sawyer gefällt's."

„Ach, geh doch, du willst mir doch nicht
etwa einreden, dass es dir Spaß macht?"
195 Der Pinsel fuhr weiter.

„Ob's mir Spaß macht! Na, ich wüsste
nicht, weshalb es mir keinen Spaß machen

80

sollte. Bekommt ein Junge vielleicht jeden Tag einen Zaun zu streichen?"

200 Das ließ die Sache in neuem Licht erscheinen. Ben hörte auf, an seinem Apfel zu knabbern. Tom schwang seinen Pinsel mit behutsamer Eleganz hin und her – trat dann zurück, um die Wirkung festzustellen
205 – setzte hier und da noch einen Tupfer hinzu – kritisierte die Wirkung von neuem, während Ben jede seiner Bewegungen beobachtete und ihn die Sache immer mehr interessierte, immer stärker fesselte. Nach
210 einer Weile sagte er: „Du, Tom, lass mich auch mal ein bisschen streichen."

Tom dachte nach, war schon drauf und dran zuzustimmen, überlegte sich's dann aber wieder anders: „Nein, nein, geht nicht,
215 Ben. Tante Polly nimmt's arg genau mit dem Zaun hier, er steht ja direkt an der Straße – wenn's der hinten wär, mir würde es nicht drauf ankommen und ihr auch nicht. Ja, arg genau nimmt sie's mit dem
220 Zaun hier, ganz sorgfältig muss der gestrichen werden; ich glaube, kaum einer von tausend Jungen ist imstande, es so zu machen, wie es sich gehört – vielleicht nicht mal einer von zweitausend."

225 „Tatsächlich! Ach, komm schon! Lass mich bloß mal versuchen, bloß ein kleines bisschen. An deiner Stelle würd ich dich lassen, Tom."

„Ben, ich würd's ja gerne tun, aber Tante
230 Polly – weißt du, Jim wollte und sie hat ihn nicht gelassen. Sid wollte auch und sie hat ihn auch nicht gelassen. Siehst du nicht, wie ich in der Klemme sitze! Wenn du dich dranmachst und es passiert was damit ..."

235 „Ach, Quatsch; ich mach's genauso vorsichtig. Komm, lass mich mal versuchen. Ich geb dir ein Stück von meinem Apfel, ja?"

„Nun – ach, Ben, lieber nicht, ich hab
240 Angst ..."

„Ich lass dir den ganzen!"

Tom gab den Pinsel her, Widerstreben im Antlitz, aber frohe Bereitwilligkeit im Herzen. Und während der vormalige Dampfer
245 „Big Missouri" in der Sonne arbeitete und schwitzte, ließ sich der in den Ruhestand getretene Künstler daneben im Schatten auf einem Fass nieder, baumelte mit den Beinen, verdrückte den Apfel und schmiedete
250 Pläne, wie er noch weitere Unschuldige zur

Strecke bringen könnte. An Material man-
gelte es nicht, immer wieder schlenderten
Jungen vorbei; sie kamen um zu spotten
und blieben um zu weißeln. Als Ben ab-
255 gekämpft war, hatte Tom bereits die nächste
Gelegenheit sich zu beteiligen für einen gut
erhaltenen Drachen an Billy Fisher verhan-
delt, und als der verschnaufen musste,
kaufte sich Johnny Miller ein mit einer
260 toten Ratte samt einer Schnur, mit der man
sie herumschwingen konnte; so ging es
weiter und immer weiter, Stunde um Stunde. Und als der Nachmittag zur Hälfte
vorüber war, da war aus dem am Morgen
265 noch armen Tom ein Junge geworden, der
sich buchstäblich in Reichtum wälzte.
Neben den Dingen, die ich bereits erwähnt
habe, besaß er zwölf Murmeln, ein Stück
von einer Mundharmonika, einen Scherben
270 blaues Flaschenglas, durch den man hin-
durchschauen konnte, einen Revolver,
einen Schlüssel, der nichts aufschloss, ein
Stück Kreide, einen Glasstöpsel von einer
Karaffe, einen Zinnsoldaten, zwei Kaul-
275 quappen, sechs Knallfrösche, ein einäugi-
ges Kätzchen, einen Türgriff aus Messing,
ein Hundehalsband – aber keinen Hund –,
einen Messergriff, vier Orangenschalen und
einen verrotteten alten Fensterrahmen. Die
280 ganze Zeit über hatte er hübsch behaglich
gefaulenzt und eine Menge Gesellschaft gehabt – und den Zaun bedeckte eine dreifa-
che Schicht Farbe! Wäre Tom nicht der
Weißkalk ausgegangen, so hätte er sämtli-
285 che Jungen des Ortes bankrott gemacht.

Mark Twain

IST ES NICHT eindrucksvoll, wie Tom
  Ben zum Arbeiten bringt?

BEN kommt sich zunächst ganz überlegen vor ...
  Heda! Du steckst in der Patsche, was?

WIE GEHT TOM eigentlich vor, um Ben für das
  Streichen zu interessieren?
- Lest noch einmal die Textstellen im Anschluss
  an Bens Frage.
- Beschreibt die „Tricks" von Tom genauer.

DIESE SZENE könnt ihr auch gut spielen.

82

Tipps zum Lesen längerer Texte

1: **Lasst euch nicht entmutigen**, wenn ihr nicht sofort überblickt, worum es in der Geschichte geht.
Lest ruhig weiter!
– Beim Weiterlesen kommt ihr meist ganz von selbst in den Inhalt hinein.
– Jeder neue Satz macht euch ein Stück mehr mit den Personen/Figuren und mit der Handlung vertraut.

2: **Macht Pausen**, wenn ihr vom Lesen erschöpft seid.
– Ihr könnt über das Gelesene nachdenken.
– Ihr könnt den Teil der Geschichte noch einmal lesen.
– Ihr könnt die Gedanken, die euch durch den Kopf gehen, aufschreiben.
– Ihr könnt euch mit anderen über das Gelesene austauschen und Fragen stellen.

3: **Versucht** Wörter oder Begriffe, die neu für euch sind, **aus dem Zusammenhang** des Textes **zu erschließen**. Natürlich könnt ihr auch immer in einem **Wörterbuch** oder **Lexikon** nachschlagen.

4: **Inhaltlich** könnt ihr euch längere Geschichten mit Hilfe der folgenden Fragen erschließen:
– **Welche Personen/Figuren** kommen in dieser Geschichte vor?
– **In welchem Verhältnis** stehen die Personen/Figuren zueinander (Freunde, Gegner, neutral ...)?
– **Welche einzelnen Stationen** der Handlung könnt ihr erkennen?
– **Wie entwickelt** sich die Handlung?
Gibt es einen **Höhepunkt**?
Gibt es einen **Wendepunkt**, ab dem die Geschichte einen **ganz anderen Verlauf** nimmt?
– **Wie endet** die Geschichte?
Wird das „Problem" gelöst?
Gibt es einen „offenen Schluss"?

83

Von Hexen, Zauberern und solchen, die es werden wollen

Tückisch und hinterhältig
Die Hexe Malefiz stammt aus der Walt-Disney-Verfilmung des Märchens „Dornröschen". Sie lässt die Prinzessin aus Rache in einen hundertjährigen Schlaf fallen.

Schon immer haben sich die Menschen in ihrer Phantasie mit Hexen, Zauberern und ihren magischen Fähigkeiten beschäftigt.
Hexen und Magier begegnen uns in den verschiedensten Texten und Filmen. Einige davon werden euch auf den nächsten Seiten vorgestellt.
Für den Fall, dass ihr euch selbst ein bisschen in der hohen Kunst der Magie üben wollt, findet ihr im Anschluss daran Zaubersprüche und zwei Trickbeschreibungen.
Solltet ihr gar Lust auf eine eigene Walpurgisnacht haben?
Am Ende der Einheit gibt's Anregungen dazu.
Also, dann ans Werk, liebe Hexenschülerinnen und Zauberlehrlinge!

Die Böseste aller Bösen
Als perfekte Hollywood-Hexe ist die Schauspielerin Anjelica Huston unter dieser Maske nicht wiederzuerkennen. In dem Film „Hexen hexen" (1990) ist sie das Oberhaupt einer Gruppe von Hexen, die Kinder hassen.

Klug und mächtig
Der gute Zauberer und Druide Merlin aus der Artus-Sage kämpft zusammen mit König Artus gegen das Böse.
In dem Film „Excalibur" von 1981 trägt er statt des Kapuzenmantels eine eiserne Schädelkappe.

VERMUTLICH KENNT IHR noch jede Menge anderer Hexen und Zauberer aus Büchern oder Filmen.
– Sind sie gut oder böse?
– Ordnet ihnen auch noch andere Eigenschaften zu.

Was sind Hexen?

In uralten Schriften steht:
„Eine Hexe ist erkennbar an ihrem hohen Alter, einem faltigen Gesicht, gerunzelten Augenbrauen, einer behaarten Oberlippe, wackeligen Zähnen, einem scheelen Blick, einer schrillen Stimme und der spitzen Zunge, einem lumpigen Mantel und dem Hund oder der Katze an ihrer Seite."

Natürlich ist das eine wunderbare Beschreibung für eine ganze Menge Leute, besonders für Großmütter und ganz besonders alte Großmütter. Aber auch wenn deine eigene Oma alle diese Eigenschaften besitzen sollte, bedeutet das noch nicht, dass sie eine Hexe ist. Halte nach anderen Anzeichen Ausschau, und stelle dir folgende Fragen:

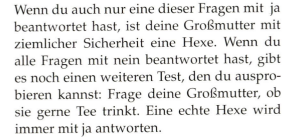

1. Hat deine Großmutter eine Vorliebe für lange schwarze Kleider und hohe spitze Hüte?
2. Kocht sie Kräuter, Wurzeln und Gewürze in riesigen schwarzen Töpfen?
3. Tanzt deine Großmutter gern um Mitternacht im Garten herum?
   Wenn ja, tanzt sie
   a) allein,
   b) mit ihren Busenfreundinnen,
   c) nur in Vollmondnächten oder
   d) bei anderen Gelegenheiten?
4. Kann deine Großmutter Stürme über dem Meer entfachen, den Wind oder den Regen herbeirufen?

5. Fliegt deine Großmutter gern?
   Wenn ja, fliegt sie
   a) auf ihrem Besen,
   b) auf dem Rücken ihrer Katze oder
   c) mit einem Flugzeug?
6. Kann deine Großmutter ihre Gestalt verändern?
   Hast du sie schon einmal
   a) als Schmetterling,
   b) als Rabe oder
   c) als Spinne gesehen?
7. Kennt deine Großmutter Mittel gegen
   a) Fieber,
   b) Schmerzen oder
   c) schlechte Laune?

Wenn du auch nur eine dieser Fragen mit ja beantwortet hast, ist deine Großmutter mit ziemlicher Sicherheit eine Hexe. Wenn du alle Fragen mit nein beantwortet hast, gibt es noch einen weiteren Test, den du ausprobieren kannst: Frage deine Großmutter, ob sie gerne Tee trinkt. Eine echte Hexe wird immer mit ja antworten.

Wenn du feststellen solltest, dass deine Oma eine Hexe ist, dann lerne mehr über die Fähigkeiten und Gewohnheiten, die sie und ihresgleichen besitzen.
Und sei bitte nett zu ihr, denn Hexen brauchen sehr viel Liebe.

Colin und Jacqui Hawkins

Hut mit Nachtlicht
Komplett mit
Kerzenlöscher, eignet
sich wunderbar
zum Lesen im Bett
und für
mondlose
Nächte.

Schwarzes
Unterhemd

Lose
sitzendes
Mieder

Wärmende
Damen-
pumphosen

Schwarze
Stretch-
Strümpfe

Die normale Größe
einer Hexe liegt
zwischen 1,50
und 3 Metern
(Hut mitgerechnet).

Hutkrempe,
die sich bei
schlechtem
Wetter über
die Ohren ziehen
und unter dem
Kinn zusammen-
binden lässt.

Fingerlose
Handschuhe

Geheimtaschen

Tragbarer
Hexen-
kessel

Feste
Lederschnürschuhe

ZEICHNET EINE HEXE nach euren Vorstellungen und beschriftet die Bilder.
- Denkt euch passende Namen für die Hexen aus.
- Erklärt in einem kurzen Text, worauf es bei der Hexenkleidung
  ankommt (z. B. warm genug für frostige Dezemberflüge).
- Sicher kennt ihr euch auch mit **Hexenzubehör** aus.
  Zeichnet die wichtigsten Gegenstände. Wozu braucht man sie?

IN DEM BUCH „Der tätowierte Hund" von Paul Maar erzählen sich ein Hund und ein Löwe gegenseitig Geschichten.
Die folgende Geschichte hat der Löwe einmal von einer Hexe gehört.

Die Geschichte vom bösen Hänsel, der bösen Gretel und der Hexe

Es war einmal eine alte Hexe, die hatte ihr ganzes Leben lang gearbeitet, hatte gezaubert vom frühen Morgen bis zum späten Abend, hatte gehext und Zaubersprüche aufgesagt jeden Tag und war nun in das Alter gekommen, wo ihre Zauberkraft nachließ und ihre
5 Kräfte langsam schwanden.

Sie wurde aber nicht böse und giftig darüber wie manche anderen Hexen, wenn sie so alt werden, sondern sagte sich: „Mit meiner Zauberkraft geht es zu Ende. Da will ich mir eine andere Beschäftigung suchen, damit ich nicht faulenzen muss und auf trübe Gedan-
10 ken komme. Ich werde mein Haus zum schönsten Hexenhaus weit und breit machen!"

Und schon am nächsten Tag begann sie, ihr Häuschen aufs wunderlichste zu schmücken. Auf die Dachziegel legte sie Lebkuchen, die Wände verkleidete sie mit Brot und Kuchen, verziert mit Man-
15 deln und Nüssen, ihre Glasfenster hängte sie aus und hängte neue ein, ganz aus weißem Zucker.

Das dauerte viele Wochen; jeden Tag musste die alte Frau in der Küche stehen und backen. Aber sie arbeitete unermüdlich, und endlich war das Häuschen fertig.

20 Da war die Hexe stolz auf ihr Haus! Jeden Abend saß sie auf der Bank neben der Haustür, betrachtete die bunten Mauern, hexte mit ihrer versiegenden Zauberkraft mühsam noch einen roten Zuckerguss auf einen Kuchen oder verzierte einen Lebkuchen mit einer Nuss, wischte überall Staub und rieb dann die neuen Zuckerschei-
25 ben glänzend.

Und wenn irgendein Tier an ihrem Haus vorbeikam, staunend stehen blieb und schließlich sagte: „So ein schönes Haus habe ich noch nie gesehen", wurde sie grün vor Stolz.

Eines Tages stand die Hexe gerade vor ihrem Backofen und woll-
30 te einen Lebkuchen backen, weil der Wind in der Nacht einen vom

Dach geweht hatte. Da war es ihr, als knuspere draußen jemand an ihrem schönen Haus und breche ganze Stücke ab. Ängstlich rief sie:

„Knusper, knusper, kneuschen
Wer knuspert an meinem Häuschen?"

35 Von draußen antwortete ein dünnes Stimmchen:

„Der Wind, der Wind,
Das himmlische Kind!"

„Da bin ich beruhigt", seufzte die Hexe erleichtert. „Es ist nur der Wind, der da draußen lärmt. Und ich hatte schon Angst, jemand 40 wolle mein Häuschen zerstören."

Wie sie das gerade sagte, zersprang ihre schöne Fensterscheibe, an der sie drei Wochen gearbeitet hatte, ein Mädchen griff nach den Splittern und aß sie auf! Mühsam humpelte die Hexe nach draußen, um zu sehen, wer der Störenfried sei.

45 Vor dem Haus standen zwei Kinder, das Mädchen und außerdem ein Junge, rissen die Dachziegel herunter, um sie aufzuessen, zerbrachen die Wand und zersplitterten die weißen Zuckerfenster.

Da war die Hexe traurig und wütend zugleich.

„Wer seid ihr?", fragte sie. „Und warum zerstört ihr mein liebes 50 Haus, an dem ich so lange gebaut habe?"

Die Kinder antworteten, sie hießen Hänsel und Gretel und hätten aus Hunger von dem Haus gegessen.

„Warum habt ihr aber gelogen und gesagt, ihr wäret der Wind?", forschte die Alte weiter. „Hättet ihr an meine Tür geklopft und um 55 Essen gebeten, so hätte ich es euch nicht verwehrt!"

Da blickten die beiden Kinder beschämt zu Boden.

Aber weil sie der alten Hexe trotz allem Leid taten, sagte sie: „Kommt nur herein und bleibt bei mir, es geschieht euch kein Leid!" Und sie fasste beide an der Hand und führte sie in ihr Häuschen. Da 60 ward gutes Essen aufgetragen, Milch und Pfannkuchen mit Zucker und Äpfel und Nüsse. Hernach wurden zwei schöne Bettlein weiß gedeckt, und Hänsel und Gretel legten sich hinein und meinten, sie wären im Himmel. Als sie so friedlich schliefen, betrachtete die Hexe sie und sagte: „Sie waren sehr böse zu mir, haben gelogen und 65 mein schönes Häuslein zerstört. Aber vielleicht sind sie nicht ganz verderbt. Ich will sie dabehalten, ihnen zu essen geben und versuchen, sie zu bessern." Am nächsten Morgen gab sie den beiden eine leichte Arbeit zu tun und rührte dann einen Teig an, denn sie wollte den Schaden an ihrem Haus wieder ausbessern.

88

70 Aber Hänsel, der naschhaft war und dem die süßen Lebkuchen auf dem Dach besser schienen als das Frühstück auf dem Tisch, ging hinaus und begann leise vom Haus zu essen.

Als das die Hexe merkte, wurde sie sehr zornig.

„Ich habe dich nicht bestraft für deine Lügen und deine bösen

75 Taten von gestern, sondern dir und deiner Schwester sogar zu essen und ein Bett zum Schlafen gegeben!", schalt sie. „Und du ungezogenes Kind lohnst es mir, indem du den Schaden an meinem Haus noch ärger machst!"

Und zur Strafe und damit er nicht noch mehr Unheil anrichten

80 konnte, sperrte sie ihn in einen Stall neben dem Haus.

Damit er es aber gut hatte in seinem Gefängnis und nicht zu hungern brauchte, fragte sie ihn oft durch das Gitter:

„Bist du auch satt, bekommst du genügend zu essen? Streck deinen Finger heraus!"

85 Hänsel hatte sehr viel zu essen bekommen, aber da er sehr gefräßig war, täuschte er die alte Frau, die schon nicht mehr richtig sehen konnte, durch eine arge List, um noch mehr zu erhalten: Er streckte ein abgenagtes Knöchlein durch das Gitter und sagte mit kläglicher Stimme: „Meine Schwester gibt mir zu wenig Mahlzeiten,

90 ich bin schon ganz mager."

Die Alte betastete das Knöchlein und sagte: „Fürwahr, er ist ganz mager! Gretel, er muss mehr zu essen bekommen!"

Die Gretel aber, die ein faules Mädchen war, maulte und sagte, sie könne nicht kochen.

95 „Dann musst du eben backen!", rief die Hexe und heizte den Backofen an, um für den Hänsel eigens ein großes Brot zu backen.

Als sie aber das Feuer angeschürt hatte und gerade nachsehen wollte, ob recht eingeheizt sei, da gab ihr die arglistige Gretel von hinten einen Stoß, dass die Hexe weit hineinfuhr, machte die eiserne

100 Tür zu, schob den Riegel vor, und die arme Alte musste elendiglich verbrennen.

Dann befreite das böse Mädchen ihren Hänsel aus dem Stall, wo er seine Strafe absitzen sollte, und sie durchwühlten gemeinsam das ganze Hexenhaus.

105 In einer Ecke hatte die Hexe eine Kiste mit Perlen und Edelsteinen stehen, die ein Erbstück von ihrem Vater war, einem großen Hexenmeister. Die raubten die beiden Kinder, stopften sich die Taschen voll mit Schmuck und Geschmeide und liefen schnell aus dem Wald.

DAS MÄRCHEN von Hänsel und Gretel einmal anders …

WAS HAT Paul Maar **grundsätzlich** verändert?
- Wie sind die Rollen von Gut und Böse in **diesem** Märchen verteilt? Nennt Beispiele aus dem Text.
- **Warum** muss die Hexe bei Paul Maar sterben?

VIELLEICHT könnt ihr euch das Märchen der Brüder Grimm besorgen. Vergleicht Gemeinsamkeiten und Unterschiede.

Estrella aus dem grünen Haus

Ein portugiesisches Märchen frei nacherzählt von Ludvik Askenazy

Die portugiesischen Omas zünden beim Märchenerzählen immer eine Kerze an. Eine weiße, wenn das Märchen gut endet, eine schwarze, wenn es böse endet.

5 Also bitte, jetzt zünden wir eine weiße Kerze an, eine nicht zu dicke und nicht zu dünne. Und du, rot schimmerndes Kerzenlicht, bleib uns lange erhalten, damit die Kinder nicht zu kurz kommen.

10 Es waren einmal ein Mann und eine Frau, ganz gewöhnliche Eheleute. Und die hatten auch zwei ganz gewöhnliche Kinder, eine Tochter und einen Sohn. Das Mädchen hieß Maria Luiza und der Junge Mario Luiz.

15 Nun geschah es aber, dass die Mutter eines Tages nicht aufwachen wollte. Alle versuchten sie zu wecken, und sie riefen: „Mutter, steh auf, es ist doch Dienstag."

Aber sie blieb liegen, und schon am Frei-
20 tag standen alle, der Vater und die beiden Kinder, an ihrem Grab und weinten bittere Tränen.

Eine junge Frau in der Nähe, unter einem Orangenbaum, beobachtete die Familie und
25 lächelte dabei so, als wüsste sie mehr als die anderen. Sie war eine Hexe. In portugiesischen Märchen kommen fast immer Hexen vor.

Die Frau unter dem Orangenbaum sah
30 sich besonders die Maria Luiza an. Und sie dachte heimlich: Diese veilchenblauen Augen, das sind doch Hexenaugen. Dieses Mädchen sollte in der hohen magischen Kunst ausgebildet werden.

35 Sie näherte sich dem Mädchen und sagte: „Du, ich heiße Estrella. Und wie heißt du?"

„Ich heiße Maria Luiza", sagte das Mädchen. „Und das ist Mario Luiz, mein Bruder."

40 „Kommt doch morgen zu mir", sagte Estrella. „Ich wohne in dem grünen Haus am Berg. Und ich mache euch gute, gebackene Sardinen und Granatäpfel mit Honig oder was ihr wollt. Ich koch so gerne.
45 Und ich habe niemanden, der das alles isst."

„Können wir auch unseren Vater mitbringen?", fragten die Kinder. „Der isst so gerne. Und am liebsten gebackene Sardinen."

50 „Natürlich", sagte Estrella, die Hexe, „für traurige Väter koche ich am allerliebsten."

Der Vater ging gerne mit, obwohl er noch sehr, sehr traurig war.

Er weinte dann in die Fischsuppe, nicht
55 nur in seine eigene, sondern auch in die drei anderen, und so wurden die Suppen ziemlich salzig. Alle bekamen großen Durst und tranken Wein. Und Estrella sagte: „Eure Mutter war lieb und schön. Wir werden sie
60 nie vergessen." Das gefiel allen, und von dieser Zeit an kamen sie jeden Dienstag und Freitag zum Essen und Trinken.

Nach einigen Monaten sagten die Kinder: „Vater, die Estrella ist so lieb. Sie hat Maria
65 Luiza einen Ring geschenkt und Mario Luiz einen silbernen Dolch. Können wir nicht zu Estrella ins grüne Haus am Berg ziehen?"

„Also, sie gefällt euch?", fragte der Vater.

„Ja, ja, ja", sagten die Kinder, „sie ist schön
und klug. Und sie hat ein gutes Herz. Sie
kocht ein ausgezeichnetes Kaninchenragout. Das ist doch dein Lieblingsgericht."

„Das mit dem Kaninchenragout stimmt",
sagte der Vater. „Und das Haus ist viel
größer als unseres."

Eines Tages schaute der Vater Estrella tief
in die Augen, obwohl das Trauerjahr noch
nicht ganz um war, und sagte: „Meine Kinder lieben dich, Estrella. Vielleicht ziehen
wir doch zusammen und heiraten am Oster-
sonntag?"

„Wenn du es so eilig hast", sagte Estrella,
„können wir schon am Gründonnerstag heiraten, diesen Tag mag ich besonders gern,
weil, wie du weißt, auch mein Haus grün ist
und meine Augen."

Dann ging alles ziemlich schnell.

Auf der Hochzeit wurde gespielt und getanzt.

Am nächsten Tag zogen die drei zu
Estrella um. Und am folgenden Dienstag ...
da ... aber ... Nun, wenn man schon einmal
begonnen hat, muss man weitererzählen.
Am nächsten Dienstagmorgen berührte
Estrella den schlafenden Vater mit einem
Zauberstab, der die ganze Zeit in der Schublade gelegen hatte. Und im gleichen Augenblick verwandelte er sich in eine flache
Holzstatue. Sie brachte sie auf den Dachboden und lachte herzlich darüber.

Abends schlich sie zu Mario Luiz ins
Zimmer, weckte ihn und fragte: „Was
träumst du denn am liebsten?"

„Am liebsten bin ich im Traum ein
Hund", sagte er. „Weil die Hunde so lustig
und treu sind."

„Wie du willst", sagte Estrella und verwandelte Mario Luiz in einen gewöhnlichen
Köter.

Dann trieb sie ihn aus dem Haus. Und
Mario Luiz bellte und winselte und heulte
zum Mond, als dieser gerade hinter den
Wolken hervorkam.

Am nächsten Morgen suchte Maria Luiza
ihren Vater und ihren Bruder. Und als sie sie
nicht fand, fragte sie Estrella: „Du, Estrella,
wo sind mein Vater und mein Bruder?"

Da lächelte Estrella geheimnisvoll. „Du
kennst doch die Männer", sagte sie. „Sie stehen am frühen Morgen auf, gehen in den
Wald, um einen Hasen zu schießen, und
kommen nicht mehr zurück. Man wünscht
sich sogar manchmal, dass sie nicht mehr
zurückkommen. Sonst müsste man wieder
eine Hasenkeule machen und noch zuschau-
en, wie sie sie auffressen."

„Aber unsere kommen doch zurück?",
fragte Maria Luiza.

„Ich sehe, du weißt tatsächlich nichts
über Männer, mein Liebling", sagte Estrella.
„Aber im Grunde musst du auch nichts darüber wissen, wenn wir keine haben. Jetzt
kannst du endlich von mir was lernen. Wir
hören auf mit der ewigen Kocherei und
auch mit dem Hosenflicken. Es wird uns
gut gehen."

Maria Luiza wartete und wartete. Tage,
Wochen, Monate. Die beiden Männer blieben wirklich verschwunden. Nur ein nicht
besonders auffallender Köter kam öfter,
wenn Estrella nicht zu Hause war, und
schaute Maria Luiza von weitem an.

Manchmal heulte er in einer Mondnacht.
Manchmal schon am frühen Nachmittag.

Estrella verjagte ihn immer, warf Steine
nach ihm und sagte zu Maria Luiza:

„Liebling, jetzt zeige ich dir etwas Besonderes. Ich zeige dir nämlich, wie man aus
einem Hund eine Maus macht. Und das ist
150 noch der einfachste Hexenzauber, weißt du.
Wir brauchen nur ein bisschen Schöllkraut-
saft mit Eidechsenzunge zu mischen. Dazu
nehmen wir ein paar Fischschuppen und
etwas Diamantenstaub von sieben Mal ge-
155 schliffenen Diamanten und dann … Ja,
warte, ich muss in meinem Urahnen-Hexen-
buch nachsehen, was da noch fehlt."

Maria Luiza nutzte die Zeit. Sie lief zum
Gartentor und flüsterte dem Hund zu: „Du,
160 verschwinde. Sie will dich in eine Maus verwandeln. Du kommst mir irgendwie bekannt
vor."

Da sagte der Hund mit menschlicher Stimme: „Oh, Maria Luiza, ich bin dein Bruder
165 Mario Luiz. Komm um Mitternacht zum
Brunnen, ich muss mit dir sprechen."

„Ja, jetzt erkenn ich dich", sagte Maria
Luiza und streichelte ihn. „Die Schnauze
kam mir so bekannt vor. Aber jetzt ver-
170 schwinde schnell, ich höre Schritte. Und
hier ein Leberwürstchen für dich."

„Dank dir, gute Schwester", sagte der
Hundebruder mit tränenerstickter Stimme.
Er wedelte noch lange mit dem Schwanz.

175 „Der ist ja schon weg, der Köter", sagte
Estrella. „Aber er wird wiederkommen, und
dann machen wir aus ihm zuerst eine Maus,
aus der Maus eine Laus und aus der Laus
einen Hexenschmaus. Das schmeckt un-
180 glaublich gut, wenn man frischen grünen
Pfeffer dazu nimmt."

Maria Luiza schaute sie lange an und
sagte: „Ich hol Wasser, und du kannst inzwischen in deinem Hexenbuch nachlesen. Es ist
185 doch besser, die Dinge genau zu wissen."

„Ja, ja, Liebling, du hast schon Recht, wie
immer", sagte Estrella und ging ins grüne
Haus.

Die Nacht war wunderschön. Eine richti-
190 ge Hexennacht. Der Vollmond zeigte sich
hinter dem grünen Haus, unglaublich
leuchtend.

Und Estrella sagte: „Heute ist Vollmond,
da fliegen wir zur Hexenversammlung. Ich
195 putz inzwischen meinen Besen, und dann
lehr ich dich fliegen. Das Besenfliegen ist
sehr aufregend und die Gesellschaft dort
wirklich vornehm. Hol schnell Wasser und
komm gleich zurück, ich mache mich inzwi-
200 schen schön. Bei so einer Versammlung ist
es nämlich sehr wichtig, gut auszusehen."

Maria Luiza lief zum Brunnen. Der Hund
wartete dort schon. „Schwesterchen", sagte
er, „auf dem Dachboden liegt eine ziemlich
205 flache Holzfigur, das ist unser Vater. Den
müssen wir unbedingt mitnehmen, wenn
wir fliehen wollen."

„Heute ist die große Hexenversammlung", sagte Maria Luiza, „und Estrella will
210 mir das Besenfliegen beibringen. Ich glaube,
es wäre sehr gut, wenn ich es lerne. Ich
kann dich dann mitnehmen und unseren
Vater auch."

„Bitte, pass auf dich auf", sagte der Bru-
215 der, „und trinke vor allem nichts, wenn dir
die Hexe etwas anbietet. Man kann nie wissen, was da alles drin ist. Sei auf der Hut."

Maria Luiza schöpfte einen Eimer voll
Wasser und lief zurück ins grüne Haus.

220 „Wo warst du so lange?", fragte Estrella.

„Der Brunnen ist so tief", sagte Maria
Luiza, „und der Mond hat sich im Wasser so
schön gespiegelt, dass ich die Augen nicht
davon lassen konnte."

92

Estrella sah sie lange an und sagte dann: „Trink jetzt ein bisschen von unserem Zaubertrank. Damit du besser fliegen kannst."

Und dann lernte Maria Luiza das Besenfliegen, das Aufspringen, das Wegfliegen und das Landen. Dabei hatte sie gar nicht von dem Zaubertrank getrunken.

„Du bist ein wirklich begabtes Mädchen und eine gute Besenfliegerin", sagte Estrella. „Ach, die Mondnacht, dieses Licht und das Aufsteigen im Wind. Und jetzt machen wir ein Schläfchen, damit wir ausgeruht sind und die ganze Nacht tanzen können."

Beide legten sich hin.

Estrella, die den Zaubertrank getrunken hatte, schlief gleich ein.

Maria Luiza schlich inzwischen auf Zehenspitzen auf den Dachboden und holte die Holzfigur. Sie versuchte mit ihr zu reden, aber die Figur blieb stumm. Dann holte sie den Hexenbesen und lief zum Brunnen. Dort wartete schon der Hundebruder.

„Meinst du, dass du dich auf dem Besen halten kannst?", fragte Maria Luiza.

„Flieg du mit dem Vater", sagte der Hund Mario Luiz, „und bitte nicht zu schnell. Ich laufe hinterher."

Maria Luiza schwang sich auf den Besen und flog nach Süden. Das Fliegen war wirklich ein Erlebnis. Sie versuchte, den Vater wieder anzusprechen, aber sie erhielt keine Antwort. „Es ist doch besser, ich habe einen Vater aus Holz als gar keinen", sagte sie. „Und ich glaube, ich werde schon das richtige Zauberwort finden, um ihn zu befreien."

Sie hatte nämlich das Hexenbuch mitgenommen. Inzwischen war Estrella aufgewacht, zweimal rief sie nach Maria Luiza, dann schaute sie nach dem Hexenbuch.

Dann wurde sie bleich wie Schnee und lief auf den Dachboden. Die Holzfigur war weg. Sie begriff alles. Sie wurde noch blasser und dann sogar etwas violett.

Dann suchte sie noch einmal das ganze Haus nach dem Hexenbuch ab und wurde immer violetter. Sie sprang auf den Besen und flog wie der Blitz zur großen Hexenversammlung.

„Ich hol mir Hilfe", sagte sie sich. „Ich schaff es nicht allein. So ein Verrat, so ein Verrat! Schade, schade, und heute bin ich so schön. Was fällt diesem Mädchen überhaupt ein! Und ich selbst habe ihr das Besenfliegen beigebracht. Ich bin die dümmste Hexe, die rumfliegt."

Von oben sah sie die große Versammlung und landete direkt auf dem Hexenflugplatz an den drei Pinien. Die Feier war schon in vollem Gang. Die Hexen tanzten durcheinander, miteinander und gegeneinander. Die Ziegenböcke tranken aus großen Lederbeuteln süßen portugiesischen Wein. Die Feuer brannten groß und hell. „Schwestern", rief Estrella, „ein Verrat! Der muss bestraft werden. Hexenschwestern, Hexennichten, Hexentanten, ich rufe euch auf."

Aber im allgemeinen Durcheinander hörte sie niemand.

Maria Luiza flog nicht sehr schnell, weil sie hinter sich keine Verfolger entdeckte. Manchmal flog sie ziemlich tief, um die Verbindung mit dem Hund zu halten. Erst als die Sonne aufging, landete sie an einem der leeren Strände der Algarve. Sie setzte sich in einen Strandkorb und wartete auf ihren Bruder.

Der hatte die Landung beobachtet und kam keuchend, aber fröhlich angelaufen.

„Also, das ist gelungen", sagte er. „Schau bitte erst im Hexenbuch nach, zuerst unter
305 H wie Holzfigur, ich kann warten. Und dann wieder unter H, wie Hund."

Es war ein Glück, dass Maria Luiza das Buch mitgenommen hatte. Auf einer vergilbten Seite fand sie die Zauberformeln.
310 Doch die darf man auf keinen Fall verraten, sonst könnte ja jeder aus seinem Vater eine Holzfigur oder aus seinem Bruder einen Hund machen.

Es war schön am leeren Strand der Algar-
315 ve. Vater und Bruder waren wieder Menschen. Und Maria Luiza kochte für alle eine Muschelsuppe aus schwarzen Königsmuscheln. Vater und Sohn sagten immer wieder:
„Also, dass es auf dieser Welt noch Hexen
320 gibt, wer hätte das geahnt. Heb das Hexenbuch gut auf – für alle Fälle. Man weiß nie, was noch alles kommen kann."

GANZ SCHÖN mutig, die Befreiungsaktion von Maria Luiza ...

AB WANN durchschaut Maria Luiza die Hexe Estrella?

ZEICHNET DIE HEXEN bei ihren Flugversuchen und denkt euch passende Verkehrsschilder aus.

Der Zauberlehrling

Vor langer Zeit lebte ein Zauberer, der ein besonders geschickter und kluger Erfinder von Zauberbeschwörungen war. Er konnte stolze Prinzen in gewöhnliche Feldmäuse und wertlose Kieselsteine in pures Gold verwandeln. Und sich selber konnte er – hast du nicht
5 gesehen – in einer blauen Pulverwolke zum Verschwinden bringen.
Der Zauberer wohnte in einem Zauberschloss, das hoch, höher als alle anderen Häuser, über dem Rhein thronte. Die mächtigen Schlosstürme stachen mit den spitzen Helmen in den Himmel. Und im Innern des Zauberschlosses wand und schlang sich ein
10 Gewirr von Gängen und Gewölben bis in den tiefen, feuchten Keller hinunter.

94

Dieser Keller war die Werkstatt des Zauberers. Eine Wand des Kellers war mit speckigen, fleckigen Büchern angefüllt, die in Leder gebunden auf den Gestellen standen. Und unter diesen Büchern fiel
15 eines auf, weil es schwerer und dicker war als alle andern. Es hieß *Gesammelte Zauberformeln und Beschwörungen* und enthielt alle Geheimnisse des Zauberers, alle seine Kniffe und Tricks, all seine Verwandlungsworte und Beschwörungen.

Der Zauberer verschloss es stets in einem Kästchen und trug den
20 goldenen Schlüssel dazu immer um den Hals. Außerdem stand die Eule mit den blauen Augen darüber Wache.

Auf der entgegengesetzten Seite des Kellers war das Zauberlaboratorium, vollgestopft mit einer Dörranlage, mit dem kosmischen Ofen, mit Filterapparaten, in denen der Zauberer seine Zaubermittel
25 braute. Daneben drängten sich Mörser, Schnabelflaschen, Krüge, dampfgefüllte Bauchgläser, stapelten sich magische Steine, die bereitlagen, um für Zaubertränke gebraucht zu werden. In der Mitte der Werkstatt aber stand die große Wasserwanne. Jeden Tag musste sie gefüllt werden. Schwere, überschwappende Wassereimer muss-
30 ten vom Rhein die vielen, vielen steilen Treppenstufen heraufgetragen werden.

Das war die Aufgabe des Zauberlehrlings Humboldt. Er hatte die Eimer zu schleppen. Humboldt war ein munterer, lustiger, manchmal etwas fauler Junge, der später auch einmal Zauberer werden
35 wollte. Er besorgte die Putzarbeiten; dafür unterrichtete ihn der Hexenmeister in der Zauberkunst. Humboldt liebte diesen Unterricht, aber er hasste seine Pflichten. Besonders das Fegen der Böden und das Schrubben der Gänge waren ihm zuwider. Am allermeisten verwünschte er jedoch das Wasserholen über all die Treppenstufen,
40 die kein Ende nehmen wollten.

Humboldt hüpfte lieber frei herum, peitschte den Kreisel oder spielte mit der Katze des Zauberers. Er lag vergnügt auf der Uferbank, blickte auf den Fluss und pfiff auf der Flöte und auf die Arbeit.

Der Meister wusste das wohl, denn er kannte diese Sorte Bur-
45 schen. Und wenn er Humboldt herumlungern, faulenzen, den Tag vertrödeln sah, trug er ihm die doppelte Arbeitslast auf.

Humboldts Murren und Knurren halfen gar nichts. „Ein Lehrling muss lernen und arbeiten. Von selbst fallen dir die Zauberkräfte nicht in den Schoß", sprach der Zauberer. „Man muss sich die
50 Fähigkeit zur Zauberei erwerben. Sie ist mehr als das Herunterlei-

ern von Beschwörungen. Magie ist Macht, und Macht muss weise genutzt werden. Du wirst das eines Tages sehen – vielleicht."

Eines Tages bekam der Meister die Einladung zu einer Zusammenkunft der Zauberer im Schwarzwald. Bevor er ging, stieg er auf
55 der Leiter zu seinem dickleibigen Zauberbuch hinauf und schrieb sich einige Dinge heraus. Dann sprach er zu Humboldt: „Die Zauberer und Magier aus aller Welt sind zu einer Versammlung eingeladen. Ich muss sie treffen. Hüte mir das Schloss, erfülle gewissenhaft deine Pflichten. Ich erwarte, dass du inzwischen die Gläser blank
60 reibst, die Messingmörser polierst und dass auf den Böden bei meiner Rückkehr auch nicht der Rand eines Fleckens zu sehen ist. Und damit ich es nicht vergesse: Der Wassertrog muss immer exakt bis zum Rand voll sein. Ich hoffe, dass du niemals ruhst, bevor du die Arbeit wirklich getan hast!" Dann hängte der Hexenmeister seinen
65 Mantel um, murmelte einige Beschwörungen und verschwand – pfffft – in einer Wolke blassblauen Pulvers, das sich sogleich auf den Möbeln und Böden festsetzte.

„Als ob ich nicht sonst schon genug zu tun hätte", murrte Humboldt. „Mir halst er immer mehr Arbeit auf, und sich gönnt er das
70 Vergnügen. Das ist ungerecht. Während er, der Meister, ein paar Zauberworte herunterschnurrt, habe ich mich abzurackern wie ein Knecht. Er hat die Macht und erst noch den Spaß."

Humboldt sah sich missmutig in diesem lästigen Staub und Schmutz um, als seine Blicke plötzlich von einem glänzenden Ding
75 angezogen wurden. Der goldene Schlüssel! Er lag auf dem Zaubertisch! Der Meister war in so großer Eile verschwunden, dass er vergessen hatte, den Schlüssel mitzunehmen. Welch ein Glück! Welche Gelegenheit!

Humboldt packte den Schlüssel. Jetzt kam es nur noch darauf an,
80 was die Eule tat. Humboldt schielte zu ihr hinauf und sah, dass sie schlief.

Augenblicklich kletterte Humboldt die Leiter hoch. Seine Hände zitterten vor Aufregung, als er das Kästchen aufschloss. So leise wie möglich blätterte er die Pergamentseiten durch. Kreise, Sterne und
85 andere geheimnisvolle Figuren waren darauf abgebildet. Die meisten Wörter waren in einer fremden Sprache aufgeschrieben.

Aber dann entdeckte Humboldt unter dem Titel *Besenzauber* einen Zauberspruch, den er verstand:

„Besen, die nach deinem Willen alle Wünsche prompt erfüllen."

HUMBOLDT HAT als Lehrling bei dem mächtigen Hexenmeister viel zu tun.
Doch plötzlich ergibt sich für ihn eine günstige Gelegenheit ...

96

90 ,Das bedeutet', dachte Humboldt glücklich, ,dass der Besen tut,
was ich ihm befehle', und er las die Zauberworte, die er brauchte, so
oft durch, bis er sie auswendig wusste.

Dann klappte er das Buch zu, schloss – auf der alten, morschen
Leiter stehend – die Augen und rief:

"SCHARRRRUUM TA!
VARRRRUUM TA!
ALTER BESEN,
DEIN MEISTER SPRICHT:
KOMM AUS DER ECKE
UND TU MEINE PFLICHT!"

Humboldts Geschrei schreckte die schlafende Eule auf. Sie begann zu flattern und stieß mit den Flügeln Humboldt von der Leiter. Die Leiter brach entzwei. Humboldt stürzte. Aber zum Glück
fing ihn das gepolsterte, ausgestopfte Krokodil des Zauberers auf.
105 Benommen lag er eine Weile da und wartete. Vorerst geschah nichts.
Hatte er die falschen Zauberworte gebraucht?

Nein! Der Besen begann sich zu regen. Er wippte an seinem Ende,
kippte hoch, richtete sich auf. Hopp, hopp.

Hurra! Der Zauber hat gewirkt! Der Besen machte sich an die Ar-
110 beit. Humboldt deutete auf den Eimer und rief: Hopp hopp! Der
Besen hopste zum Eimer, angelte sich den Tragbügel und hängte
sich den Eimer um. Dann hüpfte er quer über den Kellerboden,
hopste hinaus und all die vielen, vielen steilen Treppenstufen hinunter zum Rhein.

115 Am Ufer wippte er und kippte er, tauchte den Kessel ins Wasser,
zog ihn gefüllt heraus und hüpfte wieder hinauf, all die vielen, vielen steilen Stufen empor.

Ohne anzuhalten schleppte der Besen den Eimer ins Schloss und
stürzte das Wasser in einem Guss in die Wasserwanne.

120 Dann wiederholte sich alles: Der Besen hüpfte über die Tür-
schwelle, tänzelte und schwänzelte, humpelte und rumpelte zum
Rhein hinunter. "Hurra!", schrie Humboldt übermütig. "Ich hab es
geschafft! Ich kann zaubern! Die Zauberkräfte arbeiten für mich!"

Humboldt erhaschte die Katze des Zauberers, tanzte und wirbelte
125 durchs Zimmer. Humboldt wirbelte und tanzte, der Besen rumpelte
und humpelte, und das Wasser stieg in der Wanne.

Weil Humboldt aber die Schlangen des Zauberers hätschelte und die Salamander tätschelte, ließ er den Trog aus den Augen. Er spielte ein Murmelspiel mit den magischen Steinen und kochte sich Tee
130 auf dem kosmischen Ofen. Warum denn nicht? Der Zauberer war weit weg, und Humboldts Arbeit wurde auch getan. Wer sollte ihn verraten, da niemand es wusste?

HUMBOLDT ZAUBERT – endlich kann er spielen
und Spaß haben, während der Besen ...

DOCH SO EINFACH ist das Zaubern nicht.
  – Humboldt hat offenbar die warnenden Worte
    des alten Zauberers vergessen (Zeile 47-52).
  – Was könnte wohl schief gehen?

Endlich entdeckte Humboldt die Bescherung. Der Trog war bis zum Rand gefüllt. „Halt, Besen, das genügt! Stell dich in die Ecke!",
135 rief Humboldt.
  Aber der Besen verstand ihn nicht. Er tänzelte und schwänzelte all die vielen, vielen steilen Treppenstufen hinauf und hinunter. Er goss Eimer um Eimer in die Wanne, welche nun überzufließen begann. Wasser rieselte an allen Seiten hinunter. Wasser durchtränkte
140 den Türvorleger. Wasser sammelte sich vor der Kellertüre zu einem Tümpel. Die Katze, die feuchte Pfoten nicht leiden mochte, fauchte und jaulte erbost.
  Jetzt wurde Humboldt von Angst gepackt. „Hör auf, Besen! Hör endlich auf! Mach, was ich dir sage! Auf der Stelle!", flehte er.
145   Aber der Besen nahm keine Notiz. Er rumpelte und humpelte mit den vollen Wassereimern wie zuvor.
  Das überlaufende Wasser nässte den Zementboden. Das Feuer im Ofen erlosch mit Zischen. Nur die Salamander klatschten und platschten munter ihre Schwänze in die Wasserfluten.
150   Ja, Humboldt konnte nicht mehr aufhalten, was er heraufbeschworen hatte. Und er konnte auch das Zauberbuch nicht mehr zu Hilfe nehmen, denn die Leiter war zerbrochen. Humboldt war verzweifelt.
  „Ich Unglücksrabe!", heulte er. „Was wird der Meister sagen?
155 Was wird um Gottes willen mit mir geschehen, wenn er sieht,

98

was ich getan habe? Vielleicht macht er eine Kröte aus mir. Oder er jagt mich fort. Oder er bestraft mich mit etwas Schrecklichem. Warum nur habe ich mir das Zauberwort nicht gemerkt, das dem Besenzauber ein Ende setzt!"

160 In der Hoffnung, dass dieselben Worte, die den Besen in Bewegung gesetzt hatten, ihn auch aufhalten könnten, rief Humboldt:

> „SCHARRRRUUM TA!
> VARRRRUUM TA!
> ALTER BESEN,
> DEIN MEISTER SPRICHT:
> HÖR ENDLICH AUF!
> DU TATST DEINE PFLICHT!"

Nichts geschah, darum rief Humboldt:

> „SCHARRRRUUM TA!
> VARRRRUUM TA!
> BESEN, BESEN,
> KANNST DU NICHT HÖREN,
> TU WAS ICH WILL,
> STEH SOFORT STILL!"

175 Aber der Besen hopp hopp hopp lief weiter, sprang und hüpfte und trug Wasser herbei. Nichts konnte ihn aufhalten, weder das Vertauschen der Zauberworte, noch das Erfinden neuer Beschwörungen.

Das Wasser reichte Humboldt schon bis zum Gürtel. Die Katze 180 kletterte auf die Möbel, die Schlangen glitten in die aufgebundenen Vorhänge. Nass bis auf die Knochen, erkannte Humboldt entsetzt, dass er nun etwas unternehmen *musste*. Entschlossen ergriff er die Axt des Zauberers.

Als der Besen mit den schweren Eimern wieder daherhopste, 185 erhob Humboldt die Axt und – racks knacks! – spaltete er ihn von oben bis unten.

Dann war es still.

„Oho, dich hab ich aber erwischt", frohlockte Humboldt. „Du hast deinen Lohn, du wirst mir keine Schwierigkeiten mehr 190 machen!"

99

Kaum gesagt, geschah etwas ganz und gar Unglaubliches, Furcht-
bares. Die beiden Besenhälften wippten und kippten, hängten sich je
einen Eimer um und rumpelten und humpelten die vielen, vielen
steilen Treppenstufen hinunter. Nein, noch schlimmer. Alle Splitter
195 und Späne wurden zu großen, kleinen, mittleren Besen. Und jeder
brachte in einem Eimer noch mehr Wasser herbei; alle tänzelten und
schwänzelten vom Rhein zum Schloss.

Die Fluten reichten nun bis zum obersten Regalbrett, wo das
Buchschränklein stand. Humboldt schwamm um sein Leben und
200 grapschte nach dem schwimmenden Zauberbuch, das ihm aber
immer wieder entschlüpfte.

Die Katze und die Eule klammerten sich auf dem Deckenleuchter
fest. Zaubergefäße barsten, Bauchgläser platzten. Das magische Pulver und Tabletten wurden in die Trümmer gespült, färbten das Was-
205 ser rosa- und purpurrot, enzianblau und giftgrün.

Und die Besen trugen Wasser herbei. Noch mehr Wasser. Die Wellen kräuselten sich und brausten, begossen, umflossen alles und jedes. Sie hoben und schoben Möbel, knufften und pufften die Tiere.

Humboldts Finger, die sich ans oberste Gestell klammerten, glit-
210 ten ab, ließen los.

„Hilfe!", schrie Humboldt, „hilf mir, Meister! Ich ertrinke! Ich gehe unter!"

Plötzlich zuckte ein greller Lichtblitz auf! In einer Wolke fahlblauen Pulvers erschien der Zauberer zuoberst auf der Treppe. Er brüllte
215 mit schrecklich zorniger Donnerstimme:

"HALT TA!
STALT BA!
IM AUGENBLICK
IN DIE ECKE ZURÜCK!"

220 Langsam sank das Wasser. Langsam wurde Humboldt auf den Boden geschwemmt. Langsam wurde alles wieder so, wie es gewesen war.

„Mmmmmmeister, es war nur ein Scherz", stammelte Humboldt erschöpft. „B-bi-bitte bestraf mich nicht!"

225 „Ha!", rief der Zauberer, und seine Augen sprühten Funken. Dann wies er auf den Eimer.

Durchnässt und mit windelweichen Knien schlurfte Humboldt zur Ecke. Er bückte sich und ergriff den leeren Eimer. Aber als sich Humboldt bückte, kippte der Besen. Klaps schwaps tanzte er auf
230 Humboldts Hinterteil und trieb den Jungen mit dem Eimer in der Hand die vielen, vielen steilen Treppenstufen hinunter zum Rhein.

Barbara Hazen

DA KAM der Zaubermeister gerade noch rechtzeitig
    um das Schlimmste zu verhindern!

STELLT EUCH VOR, der Zauberer und sein Lehrling sitzen nach
    dem Schrecken dieses Tages gemeinsam beim Abendessen.
– Welche „Predigt" wird der Meister seinem Lehrling halten?
– Was wird Humboldt zu seiner „Verteidigung" anführen?

Der Zauberlehrling

Hat der alte Hexenmeister
sich doch einmal wegbegeben!
Und nun sollen seine Geister
auch nach meinem Willen leben.
Seine Wort' und Werke
merkt ich und den Brauch,
und mit Geistesstärke
tu ich Wunder auch.

Walle! walle
manche Strecke,
dass, zum Zwecke,
Wasser fließe
und mit reichem, vollem Schwalle
zu dem Bade sich ergieße.

Und nun komm, du alter Besen!
Nimm die schlechten Lumpenhüllen;
bist schon lange Knecht gewesen;
nun erfülle meinen Willen!
Auf zwei Beinen stehe,
oben sei ein Kopf,
eile nun und gehe
mit dem Wassertopf!

Walle! walle
manche Strecke,
dass, zum Zwecke,
Wasser fließe
und mit reichem, vollem Schwalle
zu dem Bade sich ergieße.

Seht, er läuft zum Ufer nieder;
wahrlich! ist schon an dem Flusse,
und mit Blitzesschnelle wieder
ist er hier mit raschem Gusse.
Schon zum zweiten Male!
Wie das Becken schwillt!
Wie sich jede Schale
voll mit Wasser füllt!

Stehe! Stehe!
Denn wir haben
Deiner Gaben
Vollgemessen! –
Ach, ich merk es! Wehe! wehe!
Hab ich doch das Wort vergessen!

Ach, das Wort, worauf am Ende
er das wird, was er gewesen.
Ach, er läuft und bringt behende!*
Wärst du doch der alte Besen!
Immer neue Güsse
bringt er schnell herein,
Ach! und hundert Flüsse
stürzen auf mich ein.

Nein, nicht länger
kann ich's lassen;
will ihn fassen.
Das ist Tücke!
Ach! nun wird mir immer bänger!
Welche Miene! welche Blicke!

* behende: schnell

Oh, du Ausgeburt der Hölle!
Soll das ganze Haus ersaufen?
Seh ich über jede Schwelle
doch schon Wasserströme laufen.
Ein verruchter Besen,
der nicht hören will!
Stock, der du gewesen,
steh doch wieder still!

Willst's am Ende
gar nicht lassen?
Will dich fassen,
will dich halten
und das alte Holz behende
mit dem scharfen Beile spalten.

Seht, da kommt er schleppend wieder!
Wie ich mich nur auf dich werfe,
gleich, o Kobold, liegst du nieder;
Krachend trifft die glatte Schärfe.
Wahrlich! brav getroffen!
Seht, er ist entzwei!
Und nun kann ich hoffen,
und ich atme frei!

Wehe! wehe!
Beide Teile
stehn in Eile
schon als Knechte
völlig fertig in die Höhe!
Helft mir, ach! ihr hohen Mächte!

Und sie laufen! Nass und nässer
wird's im Saal und auf den Stufen.
Welch entsetzliches Gewässer!
Herr und Meister! hör mich rufen! –
Ach, da kommt der Meister!
Herr, die Not ist groß!
Die ich rief, die Geister
werd ich nun nicht los.

„In die Ecke,
Besen! Besen!
Seid's gewesen.
Denn als Geister
ruft euch nur, zu seinem Zwecke,
erst hervor der alte Meister."

Johann Wolfgang von Goethe

DER ZAUBERLEHRLING kommt hier von Anfang an
    selbst zu Wort ...
– In welcher Stimmung ist er?
– Welche Gedanken und Gefühle gehen ihm durch den Kopf?

AUF EINER KOPIE könnt ihr an jeder Strophe vermerken,
    wie sich der Lehrling gerade fühlt.
    Benutzt treffende Adjektive, z.B. *übermütig,
    aufgeregt, hektisch* usw.

VERSUCHT die Gefühle des Lehrlings in einem Lesevortrag
    deutlich zu machen.

Gruselgraussong oder

**Der große Zauberspruch, den man vor jeder Klassenarbeit sagen muss,
wenn man beim Mogeln nicht erwischt werden will**

Hokuspokus, grüner Kater,
schwarzweißroter Rabenvater,
Krötenschleim und Mäusezahn,
dreigeschwänzter blauer Hahn.

Drudenfuß und Schierlingsblüte,
Kaugummi und Wundertüte,
Vollmondstrahl und Krähenschrei,
grüngelbgiftges Schlangenei.

Sechzehn Tropfen rote Tinte,
Rost von einer Räuberflinte,
Haifischflossen, Fingerhut
und drei Tropfen Lehrerblut.

Bilsenkraut und Spinnenbeine,
Tau von einem Leichensteine,
Knochensplitter, Katzenschwanz,
Kokolores, Firlefanz.

Rattenfell und Maulwurfsauge,
Unterhosenwäschelauge,
Diebesfingernageldreck
und ein Achtel Kantorspeck.

Staub vom Kirchturmuhrgehäuse,
dreizehn tote Fledermäuse,
Eulenkralle, Regenwurm,
Kalk aus einem Hungerturm.

Holofernes, Hexenbesen,
hinkend hässlich Hexenwesen,
Hundeohr und Hühnerschiet
und drei Takte Teufelsbeat.

Knollenblätterpilzgemüse,
Puder für Gespensterfüße,
Tollkirsch-Wein und Farnkrauttee …
Hokuspokus, Hussahee!

Hansjörg Martin

Zauberspruch

Wenn schräg tagnachts der Klubu schreint
und lasch der Lamenturo weint,
die Warzenwogen schlingen,
dann will ich wallewalle wingen.
Wenn aus dem Wald der Wodu wiebelt,
der Hodudodu sich bekriebelt,
die Sagabundas ächzkrächz singen,
dann will ich wallewalle wingen.
Und wenn der Nebuloso schleift
und Akakazias heiß bereift,
die Wiebelkiebel klingen,
dann will ich wallewalle wingen.

Mirjam Pressler

Das Hexen-Einmaleins

Du musst verstehn!
Aus Eins mach Zehn,
Und Zwei lass gehn,
Und Drei mach gleich,
So bist du reich.
Verlier die Vier!
Aus Fünf und Sechs,
So sagt die Hex,
Mach Sieben und Acht,
So ist's vollbracht:
Und Neun ist Eins,
Und Zehn ist keins.
Das ist das Hexen-Einmaleins.

Johann Wolfgang von Goethe

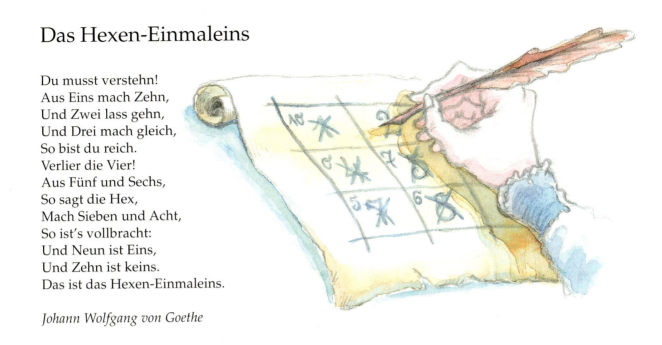

Das Hexen-Einmaleins stammt aus Goethes Theaterstück „Faust", einer Tragödie in zwei Teilen.

In seiner Jugend hatte Goethe (1749-1832) die mittelalterliche Geschichte des Doktor Faustus gehört, der seine Seele dem Teufel verkauft haben soll. Mit dem Schreiben dieses Stücks hat sich der berühmte Dichter beinahe sein ganzes Leben lang beschäftigt. Es wurde erst ein Jahr vor seinem Tod fertig:

Der teuflische Mephisto wettet mit Gott, dass es ihm gelingt, Fausts Seele für sich zu erobern. Doch Faust lässt sich von Mephisto und seinen Zauberkünsten nicht beeindrucken, bis er dem schönen Gretchen begegnet. Mephisto führt ihn in eine Hexenküche, wo ihm mit Hilfe des Hexen-Einmaleins ein Verjüngungstrank gebraut wird.

ERFINDET EIGENE Zaubersprüche.
Ihr könnt dabei, wie in den Beispielen,
reimen und neue Wörter erfinden.

Zaubereien und kleine Tricks

Das Blubberpulver für diesen Trick wird aus Zitronensäure und Natronpulver gemischt. Beides sind harmlose Substanzen, die es in der Apotheke gibt.

Verrühre sie trocken zu gleichen Teilen und fülle die Mischung in den Schraubdeckel einer Flasche.

Lass den Deckel in einem Glas mit Wasser schwimmen und decke einen tiefen Suppenteller darüber. Drücke den Teller fest auf das Glas und drehe beides mit etwas Schwung um.

Sobald sich das Pulver im Wasser auflöst, beginnt es zu blubbern. Es bilden sich viele kleine Blasen, und alles Wasser wird aus dem Glas gedrückt.

Noch dramatischer sieht das aus, wenn du etwas Tinte ins Wasser oder in den Deckel mit dem Pulver gibst.

Du kannst das Blubberpulver, vermischt mit etwas Tinte, auch in eine kleine Plastikdose füllen. Stich vorher mit einer spitzen Schere ein paar Löcher hinein und beschwere sie mit kleinen Glasmurmeln, damit sie untergeht. Sobald Wasser in das Döschen dringt, beginnt ein aufregendes Schauspiel.

PROBIERT diesen Trick einmal aus.

VIELLEICHT haben einige von euch zu Hause einen Zauberkasten. Führt in der Klasse einige Kunststücke vor. Ihr könnt die Trickanleitungen sammeln und ...

Saft einer frischen Zitrone
in ein Glas auspressen

ein Stück Papier mit einer Feder/
einem Federhalter beschriften
(Schrift unsichtbar)

das Papier *vorsichtig* über eine
brennende Kerze halten;
(einen Eimer mit Wasser
bereitstellen)

die Schrift wird sichtbar
(bräunlich)

Tipp: Der Trick funktioniert auch mit dem
Saft einer Zwiebel (schwarze Schrift) oder
mit Weinessig (rötliche Schrift).

MANCHMAL kommt es vor, dass Hexen den Rat eines
anderen Zaubermeisters brauchen ...
Dann schreiben sie natürlich **nicht** wie du und ich.
Sie benutzen unsichtbare Zaubertinte!

EINLADUNG ZUM HEXENFEST
Samstag ab 16 Uhr bei mir im
Vereinshaus "Zu den Megahexen".
Bitte Festklamotten mitbringen.
Es wird getanzt!
Zauberlehrlinge, liebe Teufel und
garstige Waldfeen sind auch willkommen.
Hi hi, ha ha, ho ho,
ich freue mich schon so.
Silvia

WIE WÄR'S, wenn ihr zum Schluss ein Hexen- und Magierfest feiern würdet?
– Eure Eltern und Geschwister könntet ihr mit der Einladung von der vorhergehenden Seite überraschen.
– Beim Fest lässt sich dann all das vorführen und ausstellen, was ihr im Unterricht erarbeitet habt.
– Vielleicht wollt ihr ein Hexenmärchen aufführen. Auf den nebenstehenden Abbildungen seht ihr, wie man sich als Hexe schminken kann. Theaterschminke bekommt man in fast jedem Spielwarengeschäft.

SICHER FINDET IHR zu Hause auch noch ein paar geeignete Kleidungsstücke.
– Auch für eure Trickvorführungen wäre ein passendes Kostüm nützlich. Berühmte Zauberer tragen oft ganz phantasievolle Kreationen.
– Denkt daran, dass alle Tricks und Zaubersprüche vorher gut geübt werden müssen!

NATÜRLICH sollte auch für das leibliche Wohl gesorgt sein.
– Seht euch das nebenstehende Bild an und schreibt ein entsprechendes Rezept auf.
– Auch Hexenschleim (Wackelpudding) und Zauberlimo (Brausepulver) dürfen nicht fehlen!

→ Esspapier

Und nun …

Heißa, Walpurgisnacht!!!

108

Noch nicht genug vom Hexenzauber?
Dann interessieren euch sicher die folgenden **Literaturtipps:**

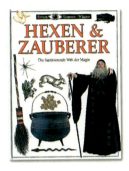

Hexen und Zauberer
Die faszinierende Welt der Magie

Gerstenberg Verlag 1997

Lieneke Dijkzeul

Die Hexe, die nie mehr zaubern wollte

Elefanten Press 1996

Michael Ende

Der satanarchäolü-genialkohöllische Wunschpunsch

Thienemanns Verlag 1989

Alles Zauberei
Geschichten, Bilder, Tricks und Rätsel

Beltz und Gelberg 1990

Jutta Radel/Angela Weinhold

Hexen und Zauberer
Ein Mitmachbuch für Hexenschülerinnen und Zauberlehrlinge

Benziger Edition
im Arena Verlag 1995

Roald Dahl

Hexen hexen
Rowohlt Taschenbuchverlag 1990

Noch ein **Tipp** zum Schluss:
Schaut zunächst einmal in der Bibliothek nach.
Vielleicht habt ihr Glück und könnt die Bücher dort ausleihen.

VOM GRÖSSTEN BILDER BUCH DER WELT

Sicher habt ihr schon einmal in einer klaren Nacht zum Himmel hinaufgeschaut und die unzähligen glitzernden Sterne bewundert.

Schon vor tausenden von Jahren haben sich die Menschen verschiedenster Kulturen überlegt, wie die Sterne dort wohl hinkamen. Sie überlegten sich phantasievolle Schöpfungsgeschichten, die man auch Mythen nennt.

So habt ihr bestimmt schon von den Sternbildern gehört, die in wolkenfreien Nächten am Himmel zu finden sind …

110

Vom fleißigen Bauern und seinem faulen Nachbarn

Es waren einmal zwei Bauern, die den ganzen Tag draußen auf ihren Feldern zugebracht hatten. Da sie Nachbarn waren und ihre Häuser nicht weit voneinander standen, trafen sie sich auf dem Wege, als der Abend dämmerte, und sie gingen miteinander heim.

5 Es war noch früh im Jahr, die Erde war eben aufgetaut vom langen Winterfrost, und die Äcker mussten bestellt werden. So hatte der eine Bauer vom Morgen bis zum Abend geschafft und hatte sich keine Mühe verdrießen lassen. Dem anderen aber war der Tag unter den Händen zerronnen, weil er statt zu arbeiten manche Stunde am

10 Feldrand in der Sonne gelegen hatte, so laut schnarchend, dass sein braves Pferd ab und zu erschrocken die Ohren aufstellte.

Wie nun der fleißige Bauer und der faule miteinander dahingingen, leuchteten am Himmel die Sterne auf. Zuerst kam der Abendstern, der funkelte, dass es eine Pracht war. Allmählich gesellten sich

15 zu ihm immer mehr Sterne und immer mehr, je dunkler es wurde, bis schließlich der ganze Himmel über und über glitzerte und strahlte.

„Sieh nur", sprach der fleißige Bauer zu seinem Nachbarn, „wir wollen morgen das Korn in die Erde säen. Ist es nicht, als hätte der Herrgott dort oben auch goldene Körner ausgestreut?"

20 „Ja", antwortete der Träge, „nur sind sie recht unordentlich über den Himmel verteilt, liegen hier zu dicht, sind dort zu wenige, der liebe Gott hätte sich schon ein bisschen mehr Mühe geben können."

„Aber", fragte der Fleißige, „siehst du denn nicht, zu welch schönen Bildern die Sterne dort oben zusammengestellt sind? Seit mei-

25 nen Kindertagen kenne ich sie so und freue mich an ihnen immer von neuem."

„Ich weiß nicht, was es da zu sehen oder gar zu freuen gäbe", entgegnete der andere, „ein Haufen kleiner heller Punkte ist doch nichts, nach dem auszuschauen sich lohnte."

30 Der fleißige Bauer griff den Zügel, an dem er sein Pferd führte, fester, sagte aber kein Wort, sondern sah mit weit offenen Augen die Sterne an und dachte bei sich: „Was mag ihn nur so blind machen? Krone, Leier, Schwan und Bär und die vielen anderen Sternenbilder, wie ist es möglich, dass er sie nicht sieht?"

Erika Dühnfort

DER FAULE BAUER ist doch nicht blind, aber …

SEHEN heißt noch nicht **erkennen**. Erklärt anhand dieser Geschichte, worin der Unterschied besteht.

111

Sternenhimmel über Mitteleuropa

Vielleicht ist es euch selbst schon einmal so ergangen: Ihr habt an den nächtlichen Himmel geschaut und unendlich viele Sterne gesehen, aber keine Sternbilder erkannt. Dazu müsst ihr bestimmte Sterne in Gedanken mit Linien verbinden, sodass Figuren entstehen, die in eurer Phantasie zu Menschen, Tieren oder Gegenständen werden können.

Vor allem die alten Griechen haben auf diese Weise in den scheinbar nahe zusammenstehenden Sternen Figuren aus ihrer Sagenwelt erkannt.

So entstand vor Jahrtausenden eine Himmelskarte, nach der man sich heute noch am Himmel orientieren kann.

Mit über sechzig Sternbildern handelt es sich also wirklich um das größte Bilderbuch der Welt!

Und wenn man die Geschichten kennt, die hinter diesen Figuren der Sternbilder stehen, wird aus dem Bilderbuch ein riesiges Buch mit uralten Geschichten und Sagen …

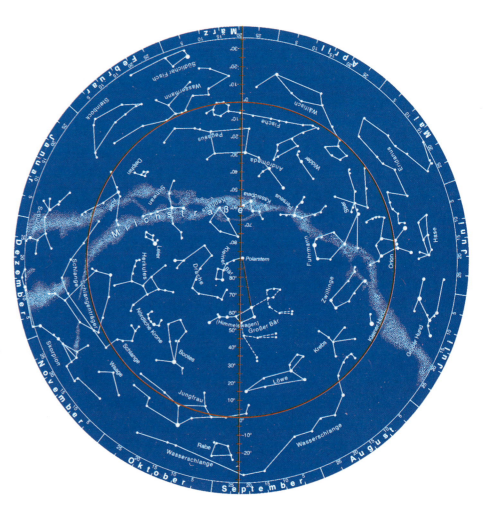

Die Sterngröße entspricht der Sternhelligkeit
Verbindungslinie in den Sternbildern
Himmelsäquator
Breitenkreiseinteilung

112

König Arktur, die schöne Cassiopeia und der Große Bär

Wie friedlich und still sieht der Sternenhimmel aus, gerade so, als rührte und regte sich dort nichts. Aber schaut man genauer hin, erkennt man ein mächtiges Ungetüm: den Großen Bären. Am Nordhimmel muss er immerzu im Kreise trotten, und zwei Jagdhunde
5 sind ihm dicht auf der Spur. Er versucht sich zu verstecken und viele Menschen erkennen ihn gar nicht, sondern sehen nur sieben helle Sterne, die sie den Großen Wagen nennen. Wer aber in einer klaren Nacht seine Augen ein wenig anstrengt, dem zeigt sich: Die Wagendeichsel ist in Wirklichkeit der Schwanz des Bären, der
10 zur anderen Seite hin seinen Kopf vorstreckt und seine Sternentatzen in den nachtblauen Himmel krallt. Deutlich sieht man: Er will sich verstecken oder davonlaufen! Dicht hinter ihm funkelt Arkturos, der Bärenhüter. Eine feine Sternenpeitsche schwingt er über dem Bärenschwanz. Wie diese beiden an den Himmel kamen, das hat
15 sich so zugetragen:

In alten Zeiten wohnte auf Erden eine Königin, Cassiopeia mit Namen, die war über alle Maßen schön. Wer sie ansah, konnte den Blick nicht abwenden von ihr. Weil nun der König, ihr Gemahl, sie von Herzen lieb hatte, ließ er aus seinem ganzen Reich die geschick-
20 testen Goldschmiede zusammenkommen, die sollten für die Königin eine Krone schmieden. Bald war die goldene Krone fertig und blendete mit ihrem Glanz jeden, der sie anschaute. Das Schönste daran aber waren sieben helle Edelsteine. Wenn Cassiopeia die Krone trug, wurden bei ihrem Anblick die Traurigen froh und die
25 Kranken gesund, so groß war der Glanz der Schönheit, der von ihr ausging.

Es lebte aber in dem Lande ein Zauberer, der die schöne Cassiopeia gerne für sich gehabt hätte, doch eine gute Fee hatte ihm das immer zu wehren gewusst.
30 Einmal, im Sommer – die Sonne war eben untergegangen und die Dämmerung brach herein –, ging Cassiopeia im Walde spazieren. Es war ein heißer Sonnentag gewesen, und die Königin freute sich an der Waldeskühle, die nach Moos und Kräutern duftete. Plötzlich hörte sie hinter sich im Gebüsch ein Knacken und Rascheln wie von

*Der königliche Bärenhüter steht
mit der Krone zusammen im Juni
und Juli hoch am Himmel, ein wenig
schon in westlicher Richtung.*

35 großen Tritten. Cassiopeia dachte, ihr Gemahl käme von der Jagd
heim, sie wendete sich voller Freude und wollte ihm entgegenge-
hen. Da aber erkannte sie zwischen Sträuchern und Bäumen ein
mächtiges Tier, einen Bären, der gemächlich auf sie zutrottete.
Die Königin, zu Tode erschrocken, suchte zu entfliehen, doch je
40 schneller sie lief, desto schneller folgte das Untier. Cassiopeia rief
laut um Hilfe, aber das Schloss war weit entfernt, wer sollte sie
hören? Schließlich kam sie an den Fluss, und da sie sich nicht mehr
zu helfen wusste, watete sie in ihrer Herzensangst mitten hinein, bis
das Wasser ihr fast zu den Schultern reichte.

45 In diesem Augenblick sah die Königin, dass der Bär plötzlich in
seinem Lauf innehielt, als lausche er und wittere Gefahr. Und wirklich drehte er sich zur Seite und verschwand im Dickicht.

Wer ihn verfolgte, war aber niemand anders als der König. Der
hatte, wie er von der Jagd heimging, in Laub und Moos etwas fun-
50 keln sehen, und als er sich bückte, erkannte er die Krone mit den
sieben hellen Edelsteinen, die seiner Gemahlin gehörte. Da dachte
er gleich, es müsste ihr etwas zugestoßen sein, und nun vernahm er
auch in der Ferne ihre Hilferufe. Er eilte über Stock und Stein, und
seine zwei Hunde liefen ihm voraus und wiesen den Weg. Schließ-
55 lich – die Sterne waren schon aufgegangen – kam er an den Fluss.
Darin sah er die schöne Cassiopeia, wie sie in Not und Angst ihre
schneeweißen Arme über die Wasserfluten emporreckte.

Er eilte auf sie zu und trug sie an das andere Ufer. Dort lag sie
eine Weile wie tot. Endlich schlug sie die Augen wieder auf, freute
60 sich von Herzen, als sie den König sah, und erzählte ihm, wie alles
sich zugetragen hatte. Da merkte der König, dass der Bär niemand
anders gewesen war als der böse Zauberer, der diese Gestalt ange-
nommen hatte, um die Fee und sie alle zu täuschen. In der folgenden Nacht, als die Königin in ihrem Zimmer im Schlafe lag, erschien
65 ihr die Fee, nahm sie bei der Hand, führte sie an das Fenster des Ge-
maches und sprach zu ihr:

„Sieh auf zum Himmel gegen Mitternacht! Zum ewigen Anden-
ken an deine glückliche Rettung vor dem Bären-Untier wurde das,
was dir zugestoßen ist, in Sternbildern an den Himmel gesetzt."

70 Und Cassiopeia erkannte als erstes den Großen Bären, dann sah
sie Arkturos, den königlichen Bärenhüter, und vor ihm die beiden
Jagdhunde. Im silbernen Strom der Milchstraße erblickte sie sechs
helle Sterne.

„Das sind deine Schultern und die emporgereckten Arme", er-
75 klärte die Fee. Und auch die herabgefallene Krone war zu sehen. Sie
lag nicht weit von dem Stern Arktur entfernt.

„Fehlt in ihr nicht ein Edelstein?", fragte Cassiopeia, „mir scheint,
ich zähle nur sechs."

„Schau genau hin", entgegnete die Fee, „so wirst du den siebten
80 auch entdecken. Als ein Zweig dir die Krone vom Kopf streifte,
während du vor dem Bären davonliefst, brach aus einem Stein ein
Stückchen heraus, drum strahlt dieser nicht mehr so hell wie die
anderen."

Alles, was die Fee der Königin am Himmel zeigte, kann man in
85 klaren Sommernächten selber sehen, wenn man gegen Norden hin
hochschaut. Dort steht es heute noch. Der Bärenhüter trägt den
Namen Bootes, sein hellster Stern aber heißt immer noch Arkturos.

Erika Dühnfort

*Cassiopeia –
mit hochgereckten Armen*

VERSUCHT doch einmal selbst
  Cassiopeia, den Großen Bären
  und den Bärenhüter
  am nächtlichen Himmel
  zu entdecken.

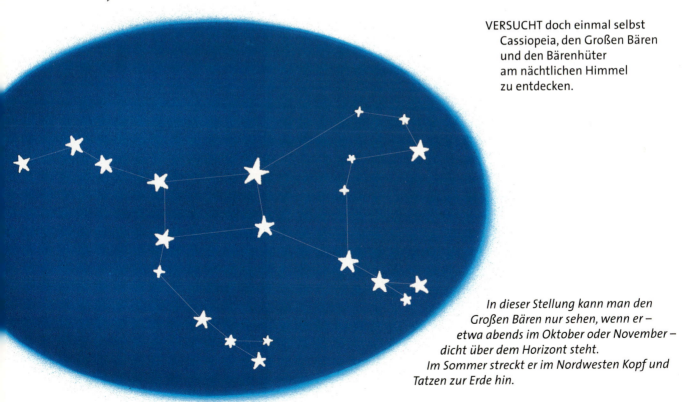

*In dieser Stellung kann man den
Großen Bären nur sehen, wenn er –
etwa abends im Oktober oder November –
dicht über dem Horizont steht.
Im Sommer streckt er im Nordwesten Kopf und
Tatzen zur Erde hin.*

Entstehung der Sterne

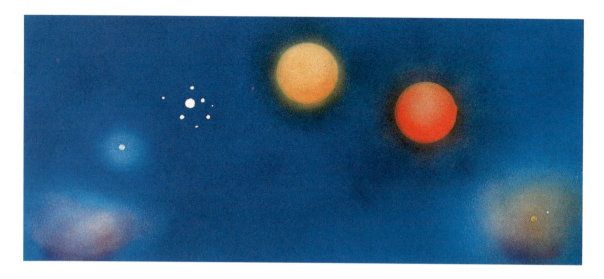

Nach wissenschaftlichen Erkenntnissen der Sternforschung (Astronomie) weiß man heute, dass Sterne riesige heiße Gaskugeln sind, die aus eigener Kraft extrem hell strah-
5 len. Sie entstehen dadurch, dass sich eine große Wolke aus Gas und Staub zusammen-zieht. Zuerst ist die Wolke kalt, aber während sie allmählich schrumpft, erwärmt sie sich. Schließlich wird es in der Mitte der
10 Wolke so heiß, dass die Atome in dem Gas miteinander verschmelzen: ein neuer Stern ist geboren.

Einen Stern an unserem Himmel kennt ihr schon. Es ist die Sonne. Ihr Licht
15 benötigt etwa acht Minuten, um zu uns zu gelangen.

Im Gegensatz zu den (Fix-) Sternen kön-nen Planeten – wie z.B. unsere Erde – nicht von selbst leuchten. Sie umkreisen meistens
20 einen wesentlich größeren Stern, von dem sie angestrahlt werden. Merkur, Venus, Erde, Mars, Jupiter, Saturn, Uranus, Nep-tun, Pluto, Transpluto – dies sind die zehn Planeten unseres Sonnensystems.
25 Der nach der Sonne uns am nächsten ge-legene Stern heißt „Proxima Centauri". Sein Licht braucht bereits vier Jahre und vier Monate bis zu uns. Würde er heute erlö-schen, könnten wir sein Licht noch vier
30 Jahre und vier Monate lang am Himmel sehen. Die anderen Sterne sind so weit von der Erde entfernt, dass ihr Licht zumeist 100 000 Jahre und mehr zu uns braucht.

Und dabei ist nichts und niemand so
35 schnell wie das Licht: In einer Sekunde legt es 300 000 km zurück.

Ihr seht also: Ein Blick in den Sternen-himmel ist immer ein Blick in die Vergan-genheit!

Wolke

Wolke   Gas

Wolke   Staub   Wärme

Wolke   Gas   Gas   Wärme

Wolke   Staub   Staub   Wärme   Wärme

Wolke   Gas   Gas   Gas   Atome   Stern

Wolke   Staub   Staub   Staub   Atome

Wolke   Gas   Gas   Wärme   Licht

Wolke   Staub   Staub   Wärme

Wolke   Gas   Wärme

Wolke   Staub

Wolke

GEBT diesem Gedicht eine Überschrift.

IHR FINDET sicherlich noch andere **Formen**,
die Entstehung eines Sternes mit Worten
darzustellen.

Anhand von Sternbildern kann man sich großflächig am
nächtlichen Himmel orientieren. Doch es gibt noch andere spannende Objekte, die man jede Nacht oder zu bestimmten Zeiten beobachten kann – sofern man weiß,
wonach man Ausschau hält …

Die Milchstraße

Von der Erde aus sehen wir unser Sternsystem als ein schimmerndes Band quer über den Himmel gespannt – wir nennen es die Milchstraße. Ein Blick durch das Fernrohr oder das Fernglas zeigt, dass die Milchstraße aus einer Unmenge von Sternen besteht, die scheinbar so nahe beieinander stehen, dass sie wie eine schwach leuchtende Wolke aussehen. Könnten wir dieses Sternsystem – Astronomen nennen es „Galaxis" – aus genügend großer Entfernung betrachten, würde es uns als ein gewaltiges Feuerrad erscheinen, als eine Scheibe, die sich zur Mitte hin verdickt. Unser Sonnensystem hat seinen Platz am äußeren Rand der Scheibe. Wenn wir zur Milchstraße emporblicken, sehen wir zur Mitte der Scheibe. Es sieht dann so aus, als ob die Sterne ganz nah beieinander liegen. In Wirklichkeit sind sie fast alle weit voneinander getrennt.

Kometen

Kometen gehören zum Schönsten und Eindrucksvollsten, was man am Nachthimmel beobachten kann. Das faszinierende Schauspiel eines großen Kometen mit langem, leuchtenden Schweif, der sich über den ganzen Himmel zieht, erlebt man im Laufe eines Jahrhunderts vielleicht nur einmal. Im Jahr 1997 war wochenlang der Komet „Hale-Bopp" am Himmel zu sehen. Näheres über seine Sichtbarkeit konnte man in den Tagesmedien bzw. im Internet erfahren.

Kometen muss man sich als große Kugeln aus schmutzigem Schnee und Eis und von einigen Kilometern Durchmesser vorstellen. Solche „Schneebälle" kommen von den Rändern unseres Sonnensystems, jenseits der Planetenbahnen.

Wenn sich ein Komet der Sonne nähert, wird seine Oberfläche so erwärmt, dass z.B. der Schnee verdampft und sich eine große Wolke um den „Schneeball" bildet. Diese Wolke reflektiert das Sonnenlicht und ist als heller Nebel am Himmel zu sehen. Der Kern des Kometen ist so klein, dass er selbst mit dem stärksten Fernrohr nur als ein winziger Lichtpunkt erkennbar ist. Ein Teil der Wolke wird durch die starke Sonnenstrahlung vom Kern des Kometen weggedrückt und bildet einen langen, leuchtenden Schweif. Für einige Wochen, solange sich der Komet in Sonnennähe befindet, können wir ihn so am Himmel sehen. Wenn sich der Komet wieder von der Sonne entfernt, löst sich die Wolke um den Kern auf und der Komet wird unsichtbar.

Einige Kometen verschwinden für immer in der ewigen Dunkelheit des Alls, während sich bei anderen durch die Schwerkraft der Planeten die Bahn verändert und sie in einer ovalen, aber regelmäßigen Bahn um die Sonne laufen, sodass die Astronomen berechnen können, wann ein Komet wieder am Himmel sichtbar wird. Der bekannteste dieser so genannten periodischen Kometen ist der Halleysche Komet, der sich alle 76 Jahre wieder in Sonnennähe befindet und aufleuchtet. Das letzte Mal zeigte er sich 1985, er wird das nächste Mal also 2061 wieder auftauchen. In Zeitungen und Zeitschriften für Astronomie und im Internet wird bekannt gegeben, wann immer ein großer, schöner Komet zu erwarten ist.

Schon die Griechen, allen voran Aristoteles, hatten sich gefragt, was es mit Kometen auf sich hat, und waren zu dem Ergebnis gekommen, dass sie in der Erdatmosphäre entstehen. Erst im 16. Jahrhundert hat der dänische Astronom Tycho Brahe Gründe dafür angegeben, dass sie sich weit draußen im Weltraum bewegen müssen und dass sie alle weiter von der Erde entfernt sind als der Mond.

Lange Zeit wurden Kometen als schlechtes Omen* angesehen und mit Krieg und Tod in Verbindung gebracht, weil sie für die Menschen früher eine ungewöhnliche und unerklärliche Erscheinung darstellten, die ihnen Angst machte.

* *Vorzeichen*

Meteore – Sternschnuppen

Auch wenn Kometen selten am Himmel zu beobachten sind, kann man doch in jeder klaren Nacht ihre Spuren sehen. Jedes Mal, wenn ein Komet das Sonnensystem passiert hat, hinterlässt er große Mengen von Staub und Gas. Ein Teil dieses „Abfalls" gelangt in die

5 Bahn, die die Erde um die Sonne beschreibt. Dadurch gelangen diese kleinen Partikel mit hoher Geschwindigkeit (oft über 2400 km/h) in die Erdatmosphäre. Sobald die Luft dicht genug ist, also etwa 80 km über dem Boden, fangen die Teilchen aufgrund des Luftwiderstandes an zu glühen und verdampfen in wenigen Sekunden. In dieser

10 kurzen Zeit sind sie als leuchtende Striche – als Meteore oder Sternschnuppen – am Himmel sichtbar.

Früher glaubten die Leute, die leuchtenden Striche am Himmel seien Sterne, die herunterfallen. Auch heute noch sagen viele Leute, dass man sich etwas wünschen muss, wenn man eine Sternschnup-

15 pe sieht. Allerdings darf man den Wunsch niemandem verraten. Wenn ihr gezielt auf „Sternschnuppenjagd" gehen wollt, könnt ihr euch auch an den Sternbildern orientieren. Zu bestimmten Zeiten im Jahr kehren solche Meteoritenschauer regelmäßig wieder, sodass man sie immer in etwa der gleichen Umgebung am Himmel beob-

20 achten kann. Die folgende Tabelle nennt euch dafür wichtige Sternbilder, in denen ihr in den entsprechenden Nächten um das angegebene Datum Meteore erhaschen könnt.

Einige wichtige Meteorschauer (Sternschnuppenströme):

Datum	Sternbild	
04. Januar	Bootes	
22. April	Lyra	Den größten Meteorschauer gibt es
12. August	Perseus	jedes Jahr um den 12. August;
08. November	Taurus	nach dem Sternbild, in dem er erscheint,
14. Dezember	Gemini	nennt man ihn den **Perseidenstrom**.

Hoba-Meteorit – Dieser Ataxit-Eisenmeteorit ist der größte bekannte Einzelmeteorit.
Er wurde 1920 bei Grootfontein in Namibia entdeckt; geschätztes Gewicht: 60 Tonnen.

Es gibt auch festere Partikel, die so groß sind, dass sie beim Eindringen in die Atmosphäre nicht völlig verbrennen, sondern auf der
25 Erde einschlagen. Solche Steine nennt man **Meteoriten**. In vielen Städten gibt es Geologische Museen, in denen man einige davon anschauen kann.

Tipp: In den meisten größeren Städten gibt es ein Planetarium, in dem der nächtliche Sternenhimmel – etwas verkleinert – an einer großen Kuppel nachgestellt wird. Im Zeitraffer kann man dort die Bewegung der Gestirne, die eigentlich durch die Erddrehung entsteht, miterleben, genauso wie Mond- und Sonnenfinsternisse und Meteorschauer. Wäre das nicht eine Idee für den nächsten Klassenausflug?

Internet

Wenn ihr noch mehr über die Welt der Sterne erfahren wollt, hilft euch dabei auch das Internet. Vielleicht haben einige von euch über ihre Eltern Zugang zu diesem Medium. Auch bieten manche Büchereien gegen eine Nutzungsgebühr die Möglichkeit, im Internet zu surfen. Oder gehört eure Schule bereits zu denjenigen, die über einen solchen Anschluss verfügen? Dann könnt ihr euch an den zuständigen Informatiklehrer wenden.

Das Internet ersetzt keineswegs Bücher und andere Informationsquellen. Seine besondere Stärke ist jedoch die schnelle Lieferung von umfangreichen und sehr speziellen Informationen.

Was ist das Internet?

Das Internet ist das größte elektronische Netzwerk der Welt. Es verbindet Computer auf der ganzen Welt miteinander (**World Wide Web**). Das funktioniert mit Hilfe von Telefonleitungen und Kabeln und mit Satelliten im Weltraum.

Die Seiten im Internet nennt man Web-Sites. Jede dieser Seiten gehört zu einer bestimmten Adresse, die man per Computer anwählt.

Und so könnt ihr das Internet für eure Arbeit nutzen:

Bei der Suche nach nützlichen Adressen helfen euch zentrale Anlaufstellen, die so genannten „Suchmaschinen". Das sind Programme, mit denen man im Internet Informationen zu einem bestimmten Thema (z.B. Sterne) suchen kann. Sie besitzen große Datenbanken, auf denen Web-Adressen gespeichert sind. Die meisten Suchdienste bieten zwei Möglichkeiten. Zum einen könnt ihr euch über den Themenkatalog der Homepage des Dienstes per Links nach und nach zur gesuchten Adresse durchklicken. Wenn man zum Beispiel etwas über Kometen sucht, klickt man zunächst die Rubrik „Naturwissenschaft und Technik" an. Dann erscheint eine neue Themenliste, auf der man „Astronomie" anklickt.

Web-Sites

oder kurz Sites (englisch: Platz) bestehen aus zwei oder mehreren miteinander verbundenen Seiten im Web. Sites sind bestimmte Stellen oder Adressen im Web, wo man bestimmte Inhalte findet. Unter der Web-Site einer Buchhandlung findet man zum Beispiel Informationen über die neuesten Bücher. Manche Sites bestehen nur aus wenigen Seiten, andere wiederum aus hunderten oder tausenden von Seiten.

Homepage

Die Homepage ist der Startpunkt einer Web-Site, also sozusagen die Titelseite. Die Homepages sind meistens sehr bunt und aufwendig gestaltet, um die Aufmerksamkeit der Web-Surfer auf sich zu ziehen. Meistens wird hier der Inhalt der Site kurz vorgestellt, und es gibt Links zu den anderen Seiten der Site.

Hyperlink

Hyperlinks oder einfach Links sind unterstrichene oder farbig hinterlegte Wörter und Textteile auf den Web-Seiten. Wenn man sie anklickt, springt man automatisch auf eine andere Homepage oder Web-Site, die mit der ersten „verlinkt", das heißt verknüpft ist.

So sieht z.B. die Homepage des Yahoo-Suchdienstes aus.

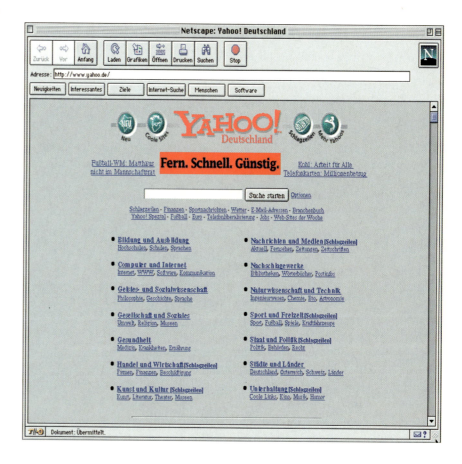

124

Bei der zweiten Möglichkeit gibt man den gesuchten Begriff (z.B. Kometen) in ein dafür vorgesehenes Eingabefeld auf der Homepage des Suchprogramms ein. Dann drückt man die Taste „suchen" oder „search" (englisch). Nun erhaltet ihr eine Liste mit Adressen, die euch zu möglicherweise nützlichen Seiten führen.

Leider sind diese Listen oft sehr lang. Viele Seiten haben nur entfernt mit dem Thema zu tun. Mit ein bisschen Übung lernt ihr aber schnell, Wichtiges von Unwichtigem zu unterscheiden.

Auf jeden Fall sollte der von euch eingegebene Begriff nicht zu allgemein sein.

Hierbei helfen euch folgende Übungen:

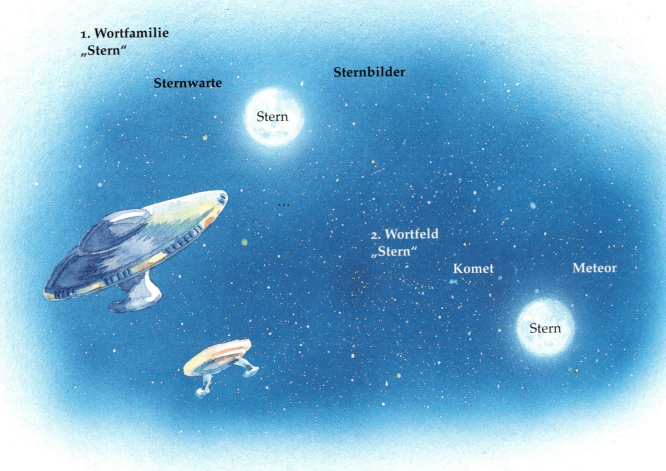

1. Wortfamilie „Stern"

Sternwarte

Sternbilder

Stern

...

2. Wortfeld „Stern"

Komet

Meteor

Stern

Überlegt euch also genau, **wonach** ihr suchen wollt.
Denn die Zeit im Internet kostet Geld.
– Sprecht mit euren Eltern darüber, **wann** und **wie lange**
ihr den Internet-Anschluss nutzen dürft.
– Wenn ihr interessante Informationen gefunden habt und
über ein Textverarbeitungssystem verfügt, könnt ihr euch
die Web-Seite kopieren.
Notiert euch dabei auch die dazugehörende Adresse.

Tipp:

Auch die meisten Planetarien sind mittlerweile im Internet vertreten. Vergesst über eure Arbeit aber nicht, an klaren Abenden hin und wieder mal einen Blick auf den Sternenhimmel zu werfen. Denn im größten Bilderbuch der Welt gibt es jede Menge zu entdecken!

DIESE INTERNET-ADRESSEN könnt ihr für eure Informations-
suche zum Thema „Sterne" nutzen:

http://www.hq.nasa.gov/

Diese Datenbank ist zwar nur auf Englisch, aber die NASA-Online bietet wohl die umfangreichsten Informationen über den Weltraum an.
Auch deutsche Raumfahrer werden in Bildern und Texten vorgestellt.

http://www.oposite.stsci.edu/pubinfo/pictures.html

Das leistungsstärkste Teleskop der Welt, das Hubble Space Telescope, umkreist die Erde und ermöglicht tiefe Blicke ins All.
Viele spektakuläre Bilder könnt ihr über diese Homepage abrufen.

http://www.compuserve.com

Von der Homepage des Online-Dienstes **CompuServe** kommt man mit einem
Klick in verschiedene Suchprogramme. Andere Online-Dienste sind **AOL** und **T-Online**.

Literaturtipps

für Sternengucker, Himmelsanbeter und Internetsurfer

Das Sternenbuch für große und kleine Sterngucker

Coppenrath Verlag 1991

Eirik Newth

Die Sterne

Carlsen Verlag

WAS IST WAS – spezial
Das Internet –
Surfen im Computernetz

Tessloff Verlag

Sternenhimmel und Planeten

Meyers Jugendbibliothek,
Bibliographisches Institut &
F. A. Brockhaus AG 1994

TIPP: Zum Auffinden der Sternbilder am Himmel ist eine (drehbare) Sternkarte sehr hilfreich. Sie zeigt euch, wie die Sterne zu Bildern verbunden werden können und an welcher Stelle am Himmel sie in jeder klaren Nacht zu entdecken sind.

Frühling – Sommer – Herbst – Winter

HIER FINDET IHR eine Sammlung von Gedichten, Bildern und
Texten zu den vier Jahreszeiten.
Blättert die Seiten durch, trefft eure Auswahl und überlegt,
was ihr mit diesen Materialien machen wollt.
Anregungen dazu findet ihr am Ende des Kapitels auf den
Seiten 162-167.

```
frühling  sommer        winter                                    frühling
frühling  sommer        winter                           winter  frühling
          sommer  herbst  winter                  herbst  winter
          sommer  herbst  winter       sommer  herbst  winter
                  herbst  winter       sommer  herbst  winter
                  winter  frühling  sommer              winter
                          frühling  sommer              winter
```

eugen gomringer

AUF JEDEN FALL könnt ihr eine besondere Mappe anlegen,
in der ihr Texte kopiert oder abgeschrieben sammelt,
die euch besonders gefallen, die ihr vielleicht selbst schreibt
(Das ist gar nicht schwer!) oder die ihr aus Jugendzeitschriften
ausschneidet.

GESTALTET DIE MAPPE mit besonderem Papier, besonderer Schrift
(auch Computer), mit Fotos, Bildern und Zeichnungen.
Nach und nach wächst euer Gedichtbuch und begleitet euch
durch alle Klassen.

HOLT EUCH vor Beginn eurer Reise durch Frühling, Sommer,
Herbst und Winter die entsprechende Jahreszeit von einem
gemeinsamen Spaziergang ins Klassenzimmer.
Viel Vergnügen.

Frühling

Der Frühling sitzt hinter einem Stein,
den Schnee im Rücken.
Er pfeift auf der Quecke steifem Gras in seinem Mund
so schrill,
dass die Mauerassel die Amsel fragt, was das sei,
so schrill,
dass die Mücken über dem Sumpf zu tanzen beginnen!

Rabbe Enckell

Peter-T. Schulz

Das Samenkorn

Unter der Erde
ruhig und tief
lag es begraben
und schlief.
Die Erde
roch ein wenig nach Mist,
was auch im Frühling
nicht selten ist.
Da begann es zu spüren,
was warm und kalt,
was feucht und trocken
und auch was oben und unten ist.
Und weil es erwachte
und nicht mehr schlief,
begann es zu wachsen
nach unten und oben,
der Himmel ist blau,
nach oben und unten,
die Erde ist tief.
Tief aus der Erde
dem Himmel zu
Gras, Blume und Baum
Fisch, Vogel und Kuh
und mittendrin
auch ich und du.

Fredrik Vahle

April

Da kommt er
wirft Luftlappen ins Gesicht
drückt Sonne auf den Rücken
lacht überlaut wickelt den
Park in grünen Taft zerreißt
ihn wieder stellenweise
pufft die Kinder spielt mit den
Röcken erschreckter Gouvernanten
drückt alle Regenhebel
macht los die Nordhunde von den Ketten und
lässt sie laufen nach Windlust

Ein toller Geselle
eine Art Eulenspiegel
auch gangsterhafte Gesten hat er
(jaja mein Lieber du
machst es uns nicht leicht
dich lieb zu haben)

und doch und doch
im Großen und Ganzen
ein prächtiger Kerl
dieser April

Rose Ausländer

Hans J. Eitz

```
                                    blüte   blüte    blüte
                            zweig   blatt   blüte
                    blüte   zweig   blatt
            blatt   blüte   zweig
    zweig   blatt   blüte
```

eugen gomringer

Erste Sonne

In den dürren Zweigen
der nackten Bäume
sitzen Krähen.
Bei ihnen Stare.
Fernab schwarzweiße Elstern.
Sie schelten.
Ab und an fliegt ein Vogel
weg.
Er wird von allen verfolgt.
Sie kehren zurück.
Sie schelten.
Das Jahr steigt langsam.
Von Morgen zu Morgen.
Im Baum sitzt der Frühling.
Er wartet.
Er lacht leise.

Rolf Bongs

Der Zauberer im Frühling

Der in der Weidenhöhle wohnt,
er schreitet im Nachmittagsmond,
wenn leis die Flussmusik ertönt
und den verschilften Weg verschönt.

Er schleift im Kreis den langen Rock,
die Hand am krummen Wurzelstock,
und wippt und wirft vom weidnen Ast[1]
die zeisiggrüne Vogellast.

Wie Hagel durch die Hecken klirrt,
von blitzenden Libell'n umschwirrt,
steigt er durch Lattich und Geäst[2],
die Enten jagend aus dem Nest!

Den Stock stößt er ins Muschelweiß,
die Unke ruft im Wasserkreis.
Die Fische ziehn um seine Hand,
löst er die Algen aus dem Sand.

Er bläst auf Gras, sein Lockruf schnalzt,
im Rohr die Bekassine[3] balzt.
Er hebt die Trommel aus dem Arm
und paukt empor den Vogelschwarm.

Die Schritte tönen grillenlaut,
und wiesenblütig raucht das Kraut,
die Mückenwolke summt am Hang,
wiegt er sich im Windzaubergang.

Um totes Holz geht er und pocht,
die Grube aller Früchte kocht.
Die Wespen singen drüber wild,
bis Harz und Honig süßer quillt.

Er teilt das Schilf, das Zittergras
und schwingt den Mond, die Sichel blass,
und schlägt die Flamme der Salbei[4]
blau brennend in den Kuckucksschrei.

Zerstöbert weht das Blätterdach.
Die grüne Esche raschelt nach.
Ins Weidicht[5] steigt er, wo er haust,
laut paukend, dass der Wind erbraust.

Peter Huchel

[1] *weidnen Ast – Weide*
[2] *Pflanzengewirr*
[3] *Wasservogel*
[4] *eine blau blühende Pflanze*
[5] *Dickicht aus Weiden*

Auszug aus Ronja Räubertochter:
Frühling

Und dann brach der Frühling wie ein Jubel-
schrei über die Wälder um die Mattisburg
herein. Der Schnee schmolz. In Strömen
rann er von allen Bergwänden herab und
suchte sich den Weg zum Fluss. Und der
Fluss brauste und schäumte mit allen seinen
Strudeln und Wirbeln und sang ein wildes
Frühlingslied, das nie verstummte. Ronja
hörte es in jeder wachen Stunde und selbst
noch in den nächtlichen Träumen. Der
lange, schreckliche Winter war vorüber. Die
Wolfsklamm war schon seit langem schnee-
frei. Dort floss jetzt ein rauschender Bach,
und sein Wasser spritzte um die Pferdehufe,
als Mattis und seine Räuber eines Morgens
im Frühling durch den engen Pass ritten. Sie
sangen und pfiffen, während sie ritten,
hoho, jetzt begann endlich wieder das herr-
liche Räuberleben!

Und endlich konnte auch Ronja wieder in
ihren Wald, nach dem sie sich so sehr ge-
sehnt hatte. Schon längst hätte sie da sein
und sehen wollen, was in ihrem Wald geschehen war, seit der Schnee geschmolzen
und alles Eis getaut war. Aber Mattis war
unerbittlich gewesen, er hatte sie nicht aus

Paul Klee:
Blumenmythos, 1918

136

der Burg gelassen. Der Vorfrühlingswald sei voller Gefahren, behauptete er.

Und erst als es für ihn selber an der Zeit war, mit seinen Räubern auszuziehen, ließ er auch sie hinaus.

„Dann lauf", sagte er. „Aber dass du mir nicht in einem tückischen Tümpel ersäufst!"

„Doch, das werd ich tun", sagte Ronja. „Damit du endlich was zum Zetern hast."

Mattis sah sie betrübt an.

„Ach, Ronjakind", sagte er mit einem Seufzer. Und dann schwang er sich in den Sattel und preschte an der Spitze seiner Räuber die Hänge hinab und verschwand.

Kaum hatte Ronja den letzten Pferdehintern in der Wolfsklamm verschwinden sehen, stürmte sie hinterher. Auch sie sang und pfiff, als sie durch das kalte Wasser des Bachs watete. Und dann lief sie, lief und lief bis zum Weiher.

Und dort war Birk. Wie er es versprochen hatte. Er lag ausgestreckt auf einer Felsplatte in der Sonne. Ronja wusste nicht, ob er schlief oder wach war, sie nahm einen Stein und warf ihn ins Wasser, um festzustellen, ob er das Plumpsen hörte.

Er hörte es, und er sprang auf und kam ihr entgegen.

„Ich warte schon lange", sagte er, und wieder spürte sie, wie die Freude in ihr aufflammte, die Freude darüber, dass sie einen Bruder hatte, der sie erwartete.

Und hier war sie nun und hatte sich kopfüber in den Frühling gestürzt. So herrlich war er um sie herum, ja, auch sie selber war ganz erfüllt von seiner Herrlichkeit, und sie schrie wie ein Vogel, laut und gellend, bis sie es Birk erklären musste.

„Ich muss einen Frühlingsschrei schreien, sonst zerspringe ich. Hör doch! Du hörst doch wohl den Frühling!"

Eine Weile standen sie schweigend da und lauschten dem Zwitschern und Rauschen, dem Brausen und Singen und Plätschern in ihrem Wald.

Alle Bäume und alle Wasser und alle grünen Büsche waren voller Leben, von überall her erscholl das starke, wilde Lied des Frühlings.

„Hier stehe ich und spüre, wie der Winter aus mir herausrinnt", sagte Ronja. „Bald bin ich so leicht, dass ich fliegen kann."

Astrid Lindgren

Zum Gähnen

Das Gras ist weich,
die Welt ist weit,
oh, mittagsmüde Schläfrigkeit.
Das Gras ist weich,
die Welt ist weit.
Die Katze schnurrt, und ich hab Zeit.
Das Gras ist weich,
die Welt ist weit.
Die Biene summt. Kein Vogel schreit.
Das Gras ist weich,
die Welt ist weit.
Oh, schläfrige Glückseligkeit.

Das Gras ist weich,
die Welt ist weit.
Jetzt hab ich nur zum Träumen Zeit.
Das Gras ist weich,
die Welt ist weit.
Pssst, keinen Ton,
ich schlafe schon.

Fredrik Vahle

138

Erlebnis

Ich schlief mitten im Busch,
tief und ruhig, bis morgens
um vier,
obwohl das gefiederte,
schuppige, glatte,
bepelzte, gehörnte Getier
blökte, fauchte, knurrte,
wisperte, röhrte, murrte.
Was mich dann schließlich weckte,
das war eine Mücke, die surrte.

Hans Manz

Viel Himmel zwischen den Ohren

Tief im Süden wollte ich hoch hinaus
und stieg in die Berge hinein
einen mühsamen steilen und staubigen Weg.
Ich rastete und schlief ein.

Mit blutigem Rachen und schnappendem Maul
erschien ein gefräßiges Tier.
Ich hörte es schnaufen und schrie vor Angst,
und da ließ es ab von mir.

Ich wurde wach und blinzelte
noch schläfrig und traumverloren,
und da stand ein Esel, der guckte nur so –
mit viel Himmel zwischen den Ohren.

Fredrik Vahle

139

Keith Haring:
Ohne Titel, 1987

Otto Mueller:
Zwei badende Mädchen,
um 1917

140

Land auf dem Sonntag

Im Scheinensonn
taubt eine Gurr.
Im Schattenhaus
katzt eine Schnurr.

Es hummelt ein Brumm
wie ein Wagenlast.
Sanft schweint ein Grunz
vor der Wirtschaftsgast.

Im Weiherdorf
froscht tief der Tauch.
Oben am Dachhaus
schlotet der Rauch.

Ein Pinkel, der hundet
auf Blumenmohn.
Der Schimpf vatert laut
im Zimmerwohn.

Ein Fahrersonntag
Wagent den Wende.
Das dauert sehr lange.
Drum gedichtet das Ende.

Paul Maar

auf dem land

rininininininininDER
brüllüllüllüllüllüllüllüllEN

schweineineineineineineineinE
grunununununununununZEN

hunununununununununDE
bellellellellellellellellEN

katatatatatatatZEN
miauiauiauiauiauiauiauiauEN

katatatatatatatER
schnurrurrurrurrurrurrurrurrEN

gänänänänänänänSE
schnattattattattattattattattERN

ziegiegiegiegiegiegiegEN
meckeckeckeckeckeckeckeckERN

bienienienienienienienEN
summummummummummummummEN

grillillillillillillillillEN
ziririririririrPEN

fröschöschöschöschöschöschöschE
quakakakakakakakakakEN

hummummummummummummummELN
brummummummummummummummEN

vögögögögögögögögEL
zwitschitschitschitschitschitschitschERN

Ernst Jandl

Gewitter

Der Himmel ist blau .
Der Himmel wird grau .
Wind fegt herbei ,
Vogelgeschrei !
Wolken fast schwarz .
Lauf, weiße Katz!
Blitz durch die Stille ,
Donnergebrülle !
Zwei Tropfen im Staub ,
Dann Prasseln auf Laub ,
Regenwand ,
Verschwommenes Land .
Blitze tollen !
Donner rollen !
Es plitschert und platscht ,
Es trommelt und klatscht ,
Es rauscht und klopft ,
Es braust und tropft .
Eine Stunde lang ,
Herrlich bang !
Dann Donner schon fern ,
Kaum noch zu hör'n .
Regen ganz fein ,
Luft frisch und rein .
Himmel noch grau ,
Himmel bald blau!

Erwin Moser

Der Sommer

Er trägt einen Bienenkorb als Hut,
blau weht sein Mantel aus Himmelsseide,
die roten Füchse im gelben Getreide
kennen ihn gut.
Sein Bart ist voll Grillen. Die seltsamsten Mären
summt er der Sonne vor, weil sie's mag,
und sie kocht ihm dafür jeden Tag
Honig und Beeren.

Christine Busta

Im Freibad

Stau auf der Autobahn

Picknick im Regen

Marc Chagall: Die Schnitterin, 1928/1930

143

Auszug aus Ronja Räubertochter:

Sommer

Und Sommer war es. Mit jedem Tag wurde es mehr und mehr Sommer, klarer, wärmer als irgendeiner, an den sie sich erinnern konnten. Jeden Tag in der Mittagshitze badeten sie in dem kalten Flusswasser. Sie schwammen und tauchten wie zwei Fischotter und ließen sich von der Strömung tragen, bis das Getöse des Glupafalles so laut wurde, dass es ihnen zu gefährlich erschien. Im Glupafall warf der Fluss seine Wassermassen eine gewaltige Steilwand hinab, und so eine Fahrt überstand keiner bei lebendigem Leibe.

Aber Ronja und Birk wussten genau, wann Gefahr drohte.

„Sobald ich auch nur den kleinsten Schimmer vom Glupaklumpen sehe", sagte Ronja, „dann weiß ich, dass es lebensgefährlich wird."

Der Glupaklumpen war eine große Klippe mitten im Fluss, ein Stück vom Wasserfall entfernt. Für Ronja und Birk war er das Warnzeichen. Jetzt mussten sie ans Ufer, und das war schwer und mühsam. Keuchend und blau gefroren lagen sie dann auf einem Felsen, wärmten sich in der Sonne und sahen neugierig den Fischottern zu, wie sie unermüdlich dicht am Ufer schwammen und tauchten.

„An solchen lauen Sommerabenden ist Reiten schön", sagte Ronja. Und sie dachte: Warum kann es im Wald nicht immer Sommer sein? Und warum kann ich nicht immer froh sein?

Sie liebte doch ihren Wald mit allem, was es darin gab. Alle Bäume, alle kleinen Seen und Weiher und Bäche, an denen sie vorüberritten, alle bemoosten Hügel, alle Stellen, wo Walderdbeeren und Blaubeeren wuchsen, alle Blumen, alle Tiere und Vögel. Warum war ihr nur manchmal so traurig zumute, und warum musste es einmal Winter werden?

Ewig währte der Sommer nicht, das wusste er, und das wusste Ronja. Doch jetzt begannen sie zu leben, als wäre es so, und so gut es ging, schoben sie alle quälenden Wintergedanken fort. Jede Stunde, vom Morgengrauen bis zur Dämmerung und Nacht, wollten sie diesen Sommer genießen. Die Tage mochten kommen und gehen, sie lebten in einem Sommerrausch, ohne sich Sorgen zu machen. Noch hatten sie eine kurze Zeit für sich.

„Und nichts soll uns die verderben", sagte Birk.

Darin stimmte Ronja ihm zu.

„Ich sauge den Sommer in mich ein wie die Wildbienen den Honig", sagte sie. „Ich sammle mir einen großen Sommerklumpen zusammen, und von dem werde ich leben, wenn … wenn es nicht mehr Sommer ist. Und weißt du, woraus der besteht?"

Und sie erzählte es Birk.

„Es ist ein einziger großer Kuchen aus Sonnenaufgängen und Blaubeerreisig mit reifen Beeren und Sommersprossen, die du auf den Armen hast, und abendlichem Mondschein über dem Fluss und Sternenhimmel und Wald in der Mittagshitze. Voll von Sonnenlicht auf den Fichten und kleinen Regenschauern und all so was. Und voller Eichhörnchen und Füchse und Hasen und Elche und dazu alle Wildpferde, die wir kennen. Und auch noch unser Schwimmen und Reiten im Wald, ja, da hörst du, dass mein großer Kuchen aus allem besteht, was Sommer ist."

„Eine tüchtige Sommerbäckerin bist du", sagte Birk. „Mach nur weiter so!"

Von früh bis spät waren sie in ihrem Wald. Sie fischten und jagten, das mussten sie für ihren Unterhalt, doch sonst lebten sie friedlich mit allem Getier. Sie wanderten weite Wege, um Rehe und Füchse und Vögel zu beobachten, sie kletterten auf Berge und Bäume, sie ritten, und sie schwammen in kleinen Waldseen, wo keine Druden sie störten – und die Sommertage gingen dahin.

Astrid Lindgren

Wilhelm Morgner: Feldweg, 1912

Der Sommer geht

Der Sommer geht in Schuhen aus Ton,
die zerbrechen, wenn keiner sie abends kühlt.

So badet der Sommer in Flüssen den Schritt
und kühlt seine Schuh.

Er sagt des Jahres Strophen nicht mit –
und noch einen Schritt
auf die Sonne zu,
dann bersten die Schuh.

Peter Härtling

Paul Klee:
Abenteurer-Schiff, 1927

Auszug aus „Die fünfte Jahreszeit"

(…) Wenn der Sommer vorbei ist und die Ernte in die Scheuern gebracht ist, wenn sich die Natur niederlegt, wie ein ganz altes Pferd, das sich im Stall hinlegt, so müde ist es – wenn der späte Nachsommer im Verklingen ist und der frühe Herbst noch nicht angefangen hat – : dann ist die fünfte Jahreszeit.

Nun ruht es. Die Natur hält den Atem an; an andern Tagen atmet sie unmerklich aus leise wogender Brust. Nun ist alles vorüber: geboren ist, gereift ist, gewachsen ist, gelaicht ist, geerntet ist – nun ist es vorüber. Nun sind da noch die Blätter und die Gräser und die Sträucher, aber im Augenblick dient das zu gar nichts; wenn überhaupt in der Natur ein Zweck verborgen ist: im Augenblick steht das Räderwerk still. Es ruht.

Mücken spielen im schwarz-goldenen Licht, im Licht sind wirklich schwarze Töne, tiefes Altgold liegt unter den Buchen, Pflaumenblau auf den Höhen … kein Blatt bewegt sich, es ist ganz still. Blank sind die Farben, der See liegt wie gemalt, es ist ganz still. Boot, das flußab gleitet, Aufgespartes wird dahingegeben – es ruht.

So vier, so acht Tage –

Und dann geht etwas vor.

Eines Morgens riechst du den Herbst. Es ist noch nicht kalt; es ist nicht windig; es hat sich eigentlich gar nichts geändert – und doch alles. Es geht wie ein Knack durch die Luft – es ist etwas geschehen; so lange hat sich der Kubus* noch gehalten, er hat geschwankt …, na … na …, und nun ist er auf die andere Seite gefallen. Noch ist alles wie gestern: die Blätter, die Bäume, die Sträucher … aber nun ist alles anders. Das Licht ist hell, Spinnenfäden schwimmen durch die Luft, alles hat sich einen Ruck gegeben, dahin der Zauber, der Bann ist gebrochen – nun geht es in einen klaren Herbst. (…)

Kurt Tucholsky

Henri Matisse: Das blaue Fenster, 1911

---

* *Würfel*

147

Landregen

Der Regen rauscht. Der Regen
rauscht schon seit Tagen immerzu.

Und Käferchen ertrinken
im Schlammrinn an den Wegen. –

Der Wald hat Ruh.
Gelabte Blätter blinken.

Im Regenrauschen schweigen
alle Vögel und zeigen
sich nicht.

Es rauscht urewige Musik.

(...)

Joachim Ringelnatz

Franz Marc: Im Regen, 1912

Fröhlicher Regen

Wie der Regen tropft, Regen tropft,
an die Scheiben klopft!
Jeder Strauch ist nass bezopft.

Wie der Regen springt!
In den Blättern singt
eine Silberuhr.
Durch das Gras hin läuft,
wie eine Schneckenspur,
ein Streifen weiß beträuft.

Das stürmische Wasser schießt
in die Regentonne,
dass die überfließt,
und in breitem Schwall
auf den Weg bekiest
stürzt Fall um Fall.

Und der Regenriese,
der Blauhimmelhasser,
Silbertropfenprasser,
niesend fasst er in der Bäume Mähnen,
lustvoll schnaubend in dem herrlich vielen Was

Und er lacht mit fröhlich weißen Zähnen
und mit kugelrunden, nassen Freudentränen.

Georg Britting

HERBSTMORGEN IN HOLLAND

Die Nebelkuh
am Nebelmeer
muht nebel mei-
nem Bahngleis her

nicht *neben*, denn
wo Nebel fällt,
wird auch das n
zum l entstellt

HERBSTMORGEL IL HOLLALD

Lul weiter il die Lebelwelt,
so bil ich eldlich kolsequelt
uld sage licht mehr *Nebel*
lur *Lebel*

Erich Fried

Der Regenriese

Klangwörter

dunkel:

hell:

gewaltig:

Des Herbstes Berge,
In denen stellenweise
Nun Rauch schon aufsteigt!

Gyôdai

Nun wird es kälter:
Das Lied der Regenwürmer
Die ganze Nacht geht!

Issa

Von Vogelscheuche
Zu Vogelscheuche huschen
Die kleinen Spatzen.

Sazanami

Adolph von Menzel: Zwei Schwäne, 1863/83

Die Abendkälte
Sogar die Eingeweide
Durchdringen möchte.

Shiki

Am Pferdeapfel
Im Herbst zum Atemholen
Ein gelber Falter!

Shiki

Des Herbstes Abend:
„Soll ich schon Licht anmachen?",
Kam sie und fragte.

Etsujin

Auszug aus Ronja Räubertochter:

Herbst

Die Luft wurde klarer und kühler. Es kamen die ersten kalten Nächte, und schon leuchtete im Wipfel einer Birke am Fluss gelbes Laub. Sie sahen es, als sie an einem frühen Morgen am Feuer saßen, aber sie sprachen nicht darüber.

Und neue Tage kamen mit größerer Kälte und größerer Klarheit in der Luft. Man konnte jetzt meilenweit über die grünen Wälder sehen, sah aber auch, wie viel Gelb und Rot es in all dem Grün bereits gab, und bald flammte das ganze Flussufer in Rot und Gold. Sie saßen am Feuer und sahen, wie schön es war, sprachen aber nicht darüber. (…)

Ronja streunte im Wald herum, wie sie es immer tat. Dort war es jetzt so still geworden, aber auch im Herbstwald fühlte sie sich wohl. Das Moos auf dem Boden war feucht und grün und weich unter ihren bloßen Füßen. Es roch so gut nach Herbst, und die Äste glänzten vor Nässe. Oft regnete es. Aber sie saß gern zusammengekauert unter einer dichten Fichte und hörte dem leisen Tröpfeln zu. Manchmal schüttete es vom Himmel herab, dass der ganze Wald von Regen rauschte, und auch das gefiel ihr. Tiere ließen sich kaum noch blicken. Ihre Füchse hatten sich im Bau verkrochen. Nur hin und wieder sah sie in der Dämmerung Elche vorüberstelzen und ab und zu Wildpferde zwischen den Bäumen grasen. Sie wollte sich so gern ein Wildpferd fangen und hatte es schon oft versucht, aber nie war es ihr gelungen. Sie waren zu scheu und bestimmt auch schwer zu zähmen. Dabei war es doch wirklich an der Zeit, dass sie ein Pferd bekam.

Astrid Lindgren

Friedrich Hechelmann

Winter

Über den Bergrücken
läuft eine Gänsehaut.
Die Bergnase
schnupft den Rotz hoch.
Der Hügelfuß
zieht sich die Stiefel über.
Der Flussarm
schlüpft in die wollenen Ärmel.
Nur die Landzunge
kümmert sich nicht um die Kälte
und leckt das Eis vom gefrorenen See.

Hans Manz

Auf dürrem Ast

Mir ist kalt geworden
sagte der Mond
Mir ist kalt geworden
sagte das Kind
Mir ist kalt
und die Sterne ragen
wie Felsen spitz aus der Nacht
Fürchterlich aufgeblasen
hustet der Winter
auf dürrem Ast

Karola Heidenreich

Wohnen im Baum

Flocken treiben,
schreiben
leise
weite Kreise,
schweben mit dem Winde,
wirbeln durch die Linde,
fliegt die Krähe in den Baum,
hockt dort schwarz,
Rücken krumm,
weiße Vögel ringsherum,
weiße Vögel ohne Schwingen,
weiße Vögel, die nicht singen,
plötzlich doch
streicht sie ab,
einsam steht die Linde,
nur die Zweige
wippen noch.

Alfred Könner

Der Winterstier

Es klirrt im Frost
Der Buchenwald,
Das Buchenscheit
Im Ofen knallt.

Der Wind aus Ost
Wird abgelöst
Von dem aus Nord.
Der Nordwind stößt

Mit hartem Horn,
Der Winterstier,
Im weißen Zorn,
Mit Augen blau, wie Eis,
So an die Tür,
Dass wild der Riegel schreit.

Vor ihm erstarrt
Der grüne Teich
Weiß zu Damast,
Der schwarze Bach
Wird bleich.

Wer weiß, wenn das so weiter friert,
Ob selbst das Buchenscheit,
Das mir im Ofen rötlich klirrt,
Nicht auch erblasst!

Georg Britting

Der Winterstier
Mit hartem Horn
Der Winterstier
Im weißen Zorn
...

Du, mach mal Licht an,
Ich zeig dir etwas Hübsches:
Den runden Schneeball!

Sora

Sogar den Pferden
Schaut man verwundert nach
Im Schnee am Morgen.

Bashô

Der erste Schnee schon
Verdammt, verdammt noch mal
Am späten Abend!

Issa

Im alten Garten
Huscht mitten im Schnee dahin
Das flinke Wiesel.

Shiki

Hendrik Averkamp: Eisvergnügen bei einem Bauernhof

157

158

Winter

Ein weißes Feld, ein stilles Feld.
Aus veilchenblauer Wolkenwand
Hob hinten, fern am Horizont,
Sich sacht des Mondes roter Rand.

Und hob sich ganz heraus und stand
Bald eine runde Scheibe da,
In düstrer Glut. Und durch das Feld
Klang einer Krähe heisres Krah.

Gespenstig durch die Winternacht
Der große dunkle Vogel glitt,
Und unten huschte durch den Schnee
Sein schwarzer Schatten lautlos mit.

Gustav Falke

Quint Buchholz

Auszug aus Ronja Räubertochter:

Winter

Dann kam der Winter. Der Schnee fiel, die Kälte nahm zu, und der Raureif verwandelte Ronjas Wald in einen Eiswald, den schönsten, den man sich denken konnte. Jetzt lief sie dort Ski, und wenn sie bei anbrechender Dunkelheit heimkehrte, hatte sie Raureif im Haar und abgestorbene Finger und Zehen trotz ihrer Fellfäustlinge und Pelzstiefel. Doch keine Kälte und kein Schnee konnten sie von ihrem Wald fernhalten. Am nächsten Tag war sie wieder dort. Mattis sorgte sich manchmal, wenn er sie den Hang hinab zur Wolfsklamm davonstieben sah, und wie so oft sagte er zu Lovis:

„Wenn das nur gut geht! Wenn ihr nur nichts Böses zustößt! Denn dann kann ich nicht mehr weiterleben."

„Was jammerst du?", sagte Lovis. „Dieses Kind kann besser auf sich Acht geben als jeder Räuber, wie oft soll ich dir das noch sagen!"

Und ganz gewiss konnte Ronja auf sich Acht geben. (…)

Über Nacht war noch mehr Schnee gefallen und hatte Ronjas Skispuren verwischt. Nun musste sie neue machen, und das war harte Arbeit. Die Kälte hatte schon eine dünne Harschdecke über den Schnee gelegt, aber noch trug sie nicht. Unablässig sank Ronja ein, und schließlich war sie so erschöpft, dass sie aufgeben musste. Jetzt wollte sie nur nach Hause.

Astrid Lindgren

Paul Klee: Winterbild, 1930

Dem Klang in Gedichten nachspüren: Seite 138, 142, 148, 150, 155

IN MANCHEN GEDICHTEN arbeiten die Schriftsteller
   ganz besonders mit dem **Klang von Lauten und Wörtern**
   als Gestaltungsmittel.
   Lasst euch diese Texte vorlesen oder lest sie selbst **laut**.

Gewitter

Der Himmel ist blau
Der Himmel wird grau
Wind fegt herbei
Vogelgeschrei
Wolken fast schwarz
Lauf, weiße Katz!
Blitz durch die Stille
Donnergebrülle
Zwei **Tropfen** im **Staub**
Dann **Prasseln** auf **Laub**
Regenwand
Verschwommenes Land
Blitze tollen
Donner rollen
Es **plitschert** und **platscht**
Es **trommelt** und **klatscht**
Es **rauscht** und **klopft**
Es **braust** und **tropft**
Eine Stunde lang
Herrlich bang
Dann Donner schon fern
Kaum noch zu hör'n
Regen ganz fein
Luft frisch und rein
Himmel noch grau
Himmel bald blau!

Erwin Moser

ERWIN MOSER ist es gelungen, das Heraufziehen
   und das Abklingen eines Gewitters **hörbar** zu
   machen ...
– Schaut euch das Gedicht noch einmal an.
– Wie könnt ihr z. B. die hervorgehobenen Wörter
   zum **Klingen** bringen?
   Wie müsst ihr sie dazu sprechen:
   hart oder weich, kurz oder gedehnt?

PROBT einen Lesevortrag.
– Welche Wörter oder Zeilen möchtet ihr
   kurz und hart, welche weich und gedehnt
   sprechen?
– Wo könnt ihr mit Hilfe von **Lautstärke** und
   Tempo Wirkung erzeugen?
– Wo könnt ihr die einzelnen Phasen
   (**vor** ..., **während** ..., **nach** dem Gewitter)
   deutlich werden lassen?
   Welche **Stimmlagen** (bedrohlich, erleichtert ...)
   wählt ihr dazu?

ARBEITET NUN auch an anderen Gedichten heraus,
   welche Wörter „Klänge" erzeugen.
– Horcht in die Wörter hinein und sprecht sie
   ganz **deutlich**.
– Prüft, ob sie **kurz und hart** oder **weich und
   gedehnt** gesprochen werden müssen.
– Welche **Stimmlage** schlagt ihr vor?
   Erprobt **verschiedene** Möglichkeiten.
   Auch Übertreiben ist erlaubt!

162

DER TITEL DES TEXTES gibt euch meistens schon
    einen ersten Hinweis darauf, wie ihr „Bilder"
    in Gedichten aufschlüsseln könnt.
– Wenn euch der Text von eurem Lehrer/eurer
   Lehrerin **vorgelesen** wird, könnt ihr euch
   schon in die Stimmung des Textes **einfühlen**.
– Danach tragt ihr erst einmal zusammen,
   um was es überhaupt geht und was ihr
   verstanden habt.

MANCHMAL hat ein Autor/eine Autorin die Jahreszeiten bzw.
    die Monate in Menschen oder Tiere verwandelt. Dann kön-
    nen sie natürlich entsprechend handeln und Dinge tun,
    die oft in sonderbare „Sprach-Bilder" verpackt sind.
    Lasst euch einfach auf diese ungewöhnliche Sprache ein:
– Unterstreicht solche Bilder und schreibt eure **Vermutungen**
   daneben. Je mehr – desto besser!
   Das geht am besten in der Gruppe oder mit einem
   Partner/mit einer Partnerin.
– Stellen, die ihr nicht enträtseln könnt, lasst ihr
   einfach stehen.
   Wer kann schon in jedem Fall immer ganz genau wissen,
   was ein Dichter/eine Dichterin sich beim Schreiben
   gedacht hat?

LEST nach einem Meinungsaustausch nun
    ein paar Gedichtzeilen, in die ihr **eure**
    Übersetzungen einfügt.
    Wie gefällt euch das?

MANCHMAL kann man einen bilderreichen Text
    auch in ein Bild übertragen.
    Vielleicht wollen einige von euch malen oder
    zeichnen?

IHR KÖNNT AUCH eine Phantasiegeschichte zu
    einigen Texten aus diesem Kapitel schreiben.

Der Zauberer im Frühling

Der in der Weidenhöhle wohnt,
er schreitet im Nachmittagsmond,
wenn leis die Flussmusik ertönt
und den verschilften Weg verschönt.

Gestern hatte ich eine sonderbare
Begegnung. Als ich nach dem
Sportunterricht mit dem Fahrrad
am Fischteich entlangfuhr, …

163

Das Druckbild eines Textes befragen: Seite 130, 134, 154

MODERNE GEDICHTE haben häufig ungewöhnliche Druckbilder.
Sie enthalten auch keine Geschichte, die man sofort wiedergeben könnte.
Man muss sich die **Form** genau ansehen, um nach und nach
dem Inhalt auf die Schliche zu kommen.
- Zählt die Zeilen aus, betrachtet die Anordnung ...
Wo sind Veränderungen?
- Setzt den Text genauso fort!
- Könntet ihr euch auch eine **andere** Form vorstellen?

WAS PASSIERT, wenn ihr **Veränderungen** vornehmt
(Weglassen, Hinzufügen, Umstellen, Vertauschen)?
„Übersetzt" euer Gedicht in einen kurzen Text.

ENTWERFT SELBST solche Gedichte:
Wörterliste zur Jahreszeit anlegen, ein paar Begriffe davon
sorgfältig auswählen und nun ... einfach erproben!

Einen Text richtig gut zum Vortrag vor Zuhörern einstudieren: Seite 138, 139, 142, 150, 155

WENN IHR mit dem Text gut vertraut seid,
bereitet ihn für **Leseproben** vor:
- In welche **Stimmung** wollt ihr eure Zuhörer versetzen
(munter, fröhlich, gelassen, ganz ruhig, gespannt,
geheimnisvoll, nüchtern)?
- Gibt es im Text einen **einleitenden Teil**, eine **Steigerung
mit einem Höhepunkt?**
- Hat der Text einen **Schluss**, der besonders hervorgehoben
werden muss (Knalleffekt)?
- Wie wollt ihr eure Feststellungen beim Lesen umsetzen
(**Stimmfärbung, Lautstärke, Tempo** ...)?
- Welche **Zeilen** (Verse) gehören **unbedingt zusammen?**
Wo darf die Stimme **nicht** gesenkt werden?
- Wo sind **„richtige" Pausen** (Kunstpausen) wirkungsvoll?

Tipp: Lest ruhig einmal in den Proben genau **entgegengesetzt:**
statt fröhlich – tieftraurig,
statt munter – ganz lahm usw.
Übertreibt dabei ruhig auch einmal.
Beim **Erproben** ist alles erlaubt!

164

MARKIERT euren Text so, dass **ihr** ihn persönlich
gut vortragen könnt.
Wenn ihr wollt, könnt ihr ihn auch in eine Form
umschreiben, die euch das Lesen möglicherweise
erleichtert.

Tipp: Arbeitet in Gruppen, dann haben alle
Gelegenheit zum häufigen Vortragen!

Das Samenkorn

Unter der Erde
ruhig und tief
lag es begraben
und schlief.
Die Erde
roch ein wenig nach Mist,
was auch im Frühling
nicht selten ist.
Da begann es zu spüren,
was warm und was kalt,
was feucht und trocken
und auch was oben und unten ist.
Und weil es erwachte
und nicht mehr schlief,
begann es zu wachsen,
nach unten und oben,
der Himmel ist blau,
nach oben und unten,
die Erde ist tief.
Tief aus der Erde
dem Himmel zu
Gras, Blume und Baum,
Fisch, Vogel und Kuh
und mittendrin
auch ich und du.

Fredrik Vahle

ruhig, tief,
schlief...
Tempo? Stimme?

Es tut
sich was!

Nun geht es
aber ab!!

Whow!

Blickkontakt mit
den Zuhörern

Oder so:
Unter der Erde ruhig und tief lag es begraben
und schlief. Die Erde …

WENN IHR am Abschluss der Reihe
eine **Vortrags**- und **Vorlesestunde** für euch
und eure Mitschüler/Mitschülerinnen oder
für eure Eltern plant, versetzt euer Publikum
in die **richtige Stimmung**:
(Sitzordnung, besondere Beleuchtung,
Klassenschmuck).

VERGESST AUCH NICHT, vorher entsprechende Musik
auszuwählen, mit der ihr euch und eure
Zuhörer/Zuhörerinnen einstimmen könnt.
Und: Stellt eure Mappen aus!

Tipp: Nehmt eure Vortragsstunde auf **Video** auf!

165

Mit Reimen Gedichte machen: Seite 138, 139, 142

REIME kennt ihr alle, besonders den **Paarreim**,
bei dem die Reime direkt aufeinander folgen
(a – a).

SPIELT eine Paarreim- und eine Kreuzreimrunde.

Haar – Paar
Baum – kaum

Sturm – Luft – Wurm – Gruft
Wind – Maus – Kind – aus

REIME muss man **hören**!
Dann wird die Wirkung richtig deutlich.
Lest den ausgewählten Text mehrmals.

NUN BRAUCHT IHR natürlich für eure eigenen
Gedichte noch Themen.
Schaut euch dazu die Bilder und Fotos an,
wählt ein Thema aus und legt los.

WENN SICH die erste und dritte, die zweite und
vierte Zeile aufeinander reimen, spricht man
vom **Kreuzreim** (a – b – a – b).

SICHER könnt ihr euch noch
andere Reimmuster vorstellen:
a – b – b – a.
Probiert einige Möglichkeiten aus.

EXPERIMENTIERT mit dem Reimschema.
– Schneidet dazu die Zeilen auseinander (Kopie)
und ordnet sie neu.
– Sprecht jetzt über die Wirkung.
– Ihr könnt auch verschiedene Reimformen
in einem Text anwenden.

Tipp: Es gibt ein Reimlexikon!

Mit Sprache spielen: Seite 141, 150

LEST DIESE TEXTE zunächst einmal und habt
euren **Spaß** daran.

MIT WELCHEN MITTELN hat der Autor/die Autorin gearbeitet?
– Tragt Beispiele aus dem Text zusammen und bildet selbst
weitere.
– Könnt ihr eine Strophe einfügen?

Tipp: Zu zweit geht's leichter!

PROBIERT AUS, wie solche Texte **klingen**, wenn ihr sie
geheimnisvoll flüstert, wütend schimpft, in Tränen
aufgelöst als Kriminalgeschichte vortragt.

WOLLT IHR einen eigenen Text
(auch ohne Reim möglich!)
zu einem selbst gewählten
Thema schreiben?

166

Ein „Haiku" machen: Seite 151, 157

HAIKUS sind ganz kurze japanische Gedichte, die nach
bestimmten Regeln aufgebaut sein müssen.
– Haikus haben häufig Beobachtungen und Stimmungen
des Schreibers zu den verschiedenen Jahreszeiten zum Inhalt.
– Der Text darf insgesamt nur 17 Silben enthalten.
Sie sind auf drei Zeilen verteilt und zwar:

5
7
5

VIELLEICHT gefallen euch diese Texte zunächst nicht besonders.
Lest sie mehrmals und versucht euch die **Situation** vorzustellen,
die der Autor hier eingefangen hat.
– **Wo** befindet er sich vielleicht?
– **Wie** stellst du dir die **Umgebung** vor?
– Welche **Tageszeit** vermutest du?
– Welche **Stimmung** liegt über allem?

IN DIESEM MOMENT nimmt er etwas wahr …
– Was bedeutet diese Beobachtung **für ihn**?
– Was mag er **denken**?
– Was wird er jetzt vielleicht **tun**?

WÄHLE ein Haiku aus und schreibe dazu nach diesen
Anregungen einen „Hintergrund-Text".
– Nun erinnere dich an Erlebnisse in dieser Jahreszeit,
die dich fröhlich oder missgelaunt gemacht haben.
Schreibe daraus einen Dreizeiler.
– Es ist nicht schlimm, wenn du die Silbenzahl
zunächst nicht ganz einhalten kannst.

LEST UND PRÜFT, was sich noch alles wegstreichen lässt.
Tauscht euch dazu in der Gruppe oder mit einem
Partner/einer Partnerin aus.

IHR KÖNNT auch aus einigen Gedichten der
Sammlung Haikus machen:
Seite 131, 132, 134, 138, 148, 155.

Steine – Wanderer zwischen den Welten

Schmurgelsteine, Zaubersteine, kleine, große, edle, kühle und unendlich alte Steine findet ihr in dieser Einheit. Lasst euch gefangen nehmen von den besonderen Geschichten, die sie erzählen, und begleitet die Steine auf ihren abenteuerlichen, geheimnisvollen und langen Reisen.

WÄHREND IHR an dieser Einheit arbeitet, könnt ihr selbst natürlich ...
– eine Steinsammlung zusammentragen.
– Steine und ihre Formen, Farben, Muster betrachten und vergleichen.
– Steine mit geschlossenen Augen betasten, erfühlen (Gewicht, Lage in der Hand, Oberfläche ...); diese Eindrücke anschließend einem Partner mitteilen, aufschreiben.

– Haikus schreiben.
– Geschichten erfinden, möglichst steinalte.
– aus der Steinzeit erzählen, Gebrauchsgegenstände, Handwerkszeug, Schmuck, Waffen einbeziehen (Fach Geschichte).
– Bilder und Texte zu Steinen und Steindenkmälern in der Umgebung suchen, passende Sagen dazu vorlesen (Heimatbücher, Sagenbücher);
aus diesen Materialien eine Ausstellung zusammenstellen.

– Steine bemalen.
– Steine schleifen, mit dem Messer bearbeiten (Köpfe, Tierfiguren herstellen).
– aus dicken, übereinander liegenden Wachsmalschichten Meeresboden oder Steinstrand herauskratzen (Fach Kunst).

Der Stein

Beim Sonntagsspaziergang im Wald hatte Stefan den Stein gefunden. Er war schwärzlich grau. Die Oberfläche hatte nicht den kleinsten Riss, nicht einmal winzige Löcher, wie das bei Steinen oft vorkommt. Er sah aus wie poliert. Stefan trennte sich nicht mehr von
5 seinem Stein, seit er ihn gefunden hatte. Er trug ihn in seiner linken Faust. Die Fingerspitzen berührten über dem Stein gerade eben den Handballen. Der Stein passte in seine Hand, als wäre er darin gewachsen.
Sie fragten ständig, wenn sie seine Faust sahen: „Was schleppst
10 du denn da mit dir herum?" Als er ihnen wieder und wieder stolz denselben Stein zeigte, schüttelten sie den Kopf und sagten: „Du betust dich mit deinem blöden Stein, als wär's ein Edelstein."
Für Stefan war sein Stein ein Edelstein. Es störte ihn nicht, dass sie bald gar nichts mehr sagten, sondern nur stumm den Kopf
15 schüttelten, wenn sie ihn mit seinem Stein in der Hand kommen sahen.

Stefan malte sich oft aus, wie wertvoll sein Stein war. Irgendwann würde jemand kommen und ihn ‚mit Gold aufwiegen'. So hatte er das einmal sagen hören. Und er stellte sich das sehr schön vor: Auf
20 der einen Waagschale lag sein Stein, in die andere rieselte, rieselte schimmernder Goldstaub, bis beide Waagschalen gleich standen.

Wenn Stefan allein war, ließ er den Stein von einer Hand in die andere fallen, sang dabei alle Edelsteinnamen, die er jemals gehört hatte: „Dia-mant, To-pas, A-me-thyst, Tür-kis, A-qua-ma-rin, Ru-
25 bin, Sa-phir, Sma-ragd." Einer der Namen passte zu seinem Stein. Stefan war sich ganz sicher.

Bevor er abends einschlief, hielt er den Stein in seinen beiden Händen. Wenn der Stein ganz warm davon war, legte er die Wange darauf und schlief so ein. Morgens erschrak er manchmal, wenn er
30 verschlafen mit der Hand oder dem Gesicht gegen den kalten Stein stieß.

Als Stefan eines Tages von einem Museumsbesuch mit seiner Schulklasse nach Hause kam, schloss er sich nach dem Essen in sein Zimmer ein. Er setzte sich auf sein Bett und betrachtete lange, lange
35 seinen Stein. Strich über die glatte Oberfläche. Dachte dabei an das, was er gesehen hatte: Versteinerungen. Dinge, die in Steine gepresst, zwischen Steinen, in Steinen Millionen Jahre alt waren: große Schneckenhäuser, Farnblätter, Muscheln, der Zahn eines Mammuts, Tierknochen, eine ganze Eidechse.
40 Stefan drehte und wendete seinen Stein. Bestimmt, ganz be-stimmt war innen, ganz innen in diesem Stein so etwas unvorstell-bar Altes. Natürlich kein Mammutzahn, kein Riesenschneckenhaus oder so was. Dazu war der Stein viel zu klein. Höchstens eine Mu-schelschale, ein winziges Farnblatt, vielleicht eine Blüte oder viel-
45 leicht … Stefan hielt den Stein an sein Ohr. Aber das war ja dumm. Eine Biene summt nicht mehr, wenn sie versteinert ist.

Tagelang ließ Stefan der Gedanke nicht los. Irgendetwas Geheim-nisvolles war mit seinem Stein. Das hatte er immer gewusst. Wieder und wieder machte er verstohlen seine Faust auf und betrachtete
50 die glatte, undurchsichtige Oberfläche des Steins. Stumm, undurch-dringlich und geheimnisvoll lag der Stein auf seiner Hand.

Bis der Tag kam, wo es Stefan einfach nicht mehr aushielt. Er musste wissen, was seinen Stein so geheimnisvoll machte.

Er nahm einen Hammer. Legte den schimmernden Stein auf die
55 Mauer vorm Haus. Strich noch einmal mit der Hand sacht über die

170

glatte Oberfläche. Dann hieb er mit dem Hammer zu. Ein Stück
sprang aus der Mitte des Steins. Risse wie ein Spinnennetz breiteten
sich über ihn aus. Stefan pustete den Steinstaub weg. Nichts. Noch
war nichts zu sehen.

60   Stefan hieb fester zu. Noch zwei Stücke. Stefan pustete. Nichts.
Immer noch nichts. Wütend holte er aus und hieb ein drittes Mal zu.
    Unter diesem letzten Hammerschlag zersprang der Stein in viele
kleine, spitzige Stückchen. Mit zitternden Fingern wühlte Stefan in
den Steinsplittern herum. Plötzlich fiel ihm dabei ein, dass er das
65 Geheimnis des Steins, die Muschelschale oder die Blüte, mit seinen
Hammerschlägen auch zerstört hätte. Fieberhaft drehte und wendete er jeden winzigen Splitter. Kein Blatt. Kein Muschelstückchen.
Nichts. Nur Steinsplitter … Stefan fegte sie mit der Hand von der
Mauer.

Susanne Kilian

WIE IST Stefan **jetzt** zumute?
    Gerade in diesem Moment kommen seine
    Klassenkameraden vorbei …
    Erprobt im Rollenspiel, wie diese Begegnung
    verlaufen könnte.

STELLT EUCH nun vor, sein Vater/bester Freund …
    käme stattdessen!

STEFAN HAT seinem Stein die Namen
    von Edelsteinen gegeben.
    Lest sie einige Male vor.
    – Wie klingen sie?
    – Welche dieser Steine kennt ihr?

OB STEFAN sich einen neuen Stein gesucht hat?

STELLT EUCH VOR, viele Edelsteine sind alle miteinander
    in **einem** großen schwarzen Stein verborgen:
    – Versteckt sie mit leuchtenden Wachsmalkreiden unter einer
      dicken schwarzen Plakaschicht.
    – Euer Partner/eure Partnerin kann die Steine mit einem
      Schaber wiederentdecken und formen.

171

Für den Stein
in meiner Hand

Lässt dich nicht erdrücken …
Bist hart!
Lässt dich sanft streicheln …
Bist weich!
Fliegst durch die Luft …
Bist leicht!
Fällst auf die Erde …
Bist schwer!
Liegst im Gras und wartest …
Bist geduldig!
Schmiegst dich in meine Hand …
Bist zärtlich!
Hast Sonne in dir …
Bist warm!
Hast Mond in dir …
Bist kühl!
Zeigst nach dem Regen seltsame Farben.
Gehst dem tiefen Wasser auf den Grund.
Lässt dich fallen, wie du bist …
Du gefällst mir!

Fredrik Vahle

DER SCHRIFTSTELLER richtet
    Gedanken an einen **Stein**.
    Malt euch die Situation einmal aus:
– Wo befindet sich der Schriftsteller vielleicht?
   In welcher Stimmung ist er?
– Was ist geschehen? Was macht er?
– Wo ist **der Stein**?
   Wie sieht er aus?
– Wie **endet** diese Begegnung?

STELL DIR VOR, der Stein läge auf **deinem** Weg
    und richtete eine stumme Botschaft an **dich**.
    Lies oder schreibe den Teil einmal **so**:

    Ich lasse mich nicht erdrücken …
    (Ich) Bin hart!
    Ich lasse mich sanft …

MACHT EUCH Gedanken über den Schluss des Textes.
– Kann er stehen bleiben?
– Wollt ihr ihn ändern? Wie sieht eure Änderung aus?

172

Der Stein

In meiner Hand
liegt ein kühler Stein.

Meine Hand
wärmt den Stein.

…
…
…
…
…

Meine Finger
schließen Freundschaft
mit dem Stein.

Georg Bydlinski

IN DEINER HAND liegt ein kühler Stein.
   Was würdest **du** mit diesem Stein machen,
   bevor **deine** Finger mit ihm Freundschaft
   schließen?

UND DANN?
   Wo bliebe dein Stein?
   Was bedeutete er für dich?

VIELLEICHT HABT IHR längst so einen Stein zu Hause oder tragt
   einen bei euch, mit dem ihr Freundschaft geschlossen habt.
– Bringt eure Steine mit, erzählt, wo ihr sie gefunden habt
   und warum ihr gerade **diesen** Stein ausgewählt habt.
– Vielleicht dürft ihr ihn während der ganzen Stunde
   ruhig in der Hand halten.
   Jetzt kennt ihr ihn!

Ivan Gantschev

Murmelverse

Niemand mag den Schmurgelstein,
tupfengleich und blink –
reib die Nase glatt und rein
an dem Schnurreschmirgelstein –
auf drei Beinen hink.

Pfropf den Mond ins Plunderhorn,
glimmerdünn und weiß –
geh dann weiter ungeschorn
durch das krumme Wunderhorn –
zahl den Flunkerpreis.

Peter Härtling

IHR HABT bestimmt Ideen,
  wie dieser Text gelesen
  werden kann ...

Der Zauberstein

Ich ging allein
im Mondenschein,
da hab ich ihn entdeckt,
den Stein, den Stein,
den Zauberstein,
der Tote auferweckt.

Ich hob ihn auf
und trug ihn fort
weit in den dunklen Wald.
Wie war der Stein,
der Zauberstein,
in meiner Hand so kalt.

Im Morgenlicht,
als Mond und Nacht
zur Ruhe sich begaben,
hab ich den Stein,
den Zauberstein,
tief unterm Moos vergraben.

Und eines Tags,
vielleicht, vielleicht,
dass einer ihn entdeckt,
den Stein, den Stein,
den Zauberstein,
der Tote auferweckt.

Roswitha Fröhlich

Quint Buchholz:
Der Mondstein

WAS FÜR EIN Fund bei Nacht!
   Macht die Stimmung durch entsprechendes Lesen deutlich.
– Probiert es leise (aber **deutlich**!) und noch leiser.
– Vielleicht könnt ihr das große Geheimnis, das den Stein
   umgibt, hervorheben, indem ihr bestimmte Zeilen flüstert.

WAS WÜRDE WOHL geschehen, wenn dieses Ereignis
    bekannt würde ...?

STELLT EUCH VOR, ihr solltet für eine **Zeitung** darüber berichten
und ein Interview mit der Finderin des Steins führen ...
– Wenn ihr in Partnerarbeit an diese Aufgabe geht, schreibt
  einer die Fragen auf, der/die andere beantwortet sie.
– Orientiert euch dabei am Aufbau des Gedichtes, damit die
  Spannung für den Leser erhalten bleibt.
– Formuliert eure Fragen so, dass ihr euren „Interviewpartner"
  zum spannenden Erzählen bringt.

*Wann haben Sie den Zauberstein
entdeckt?*

*Ich habe meinen Abendspaziergang gemacht –
so wie jeden Tag.
Plötzlich bin ich beim Gehen über etwas gestolpert.
Als ich genau hinguckte, sah ich ...*

*Woher wussten Sie, dass dies
der Zauberstein war?*

*Eine Freundin hatte mir
erzählt, ...*

*Was haben Sie mit dem
Stein gemacht?*

...

...

WELCHE ÜBERSCHRIFT soll euer Interview haben?

Weit im See,
sagte er,
liegt die Insel,
sagte er,
eine Stunde,
sagte er,
ist's dorthin,
sagte er,
aber du,
sagte er,
bist noch jung,
sagte er,
und gut zu Fuß.

Läufst du aber,
sagte er,
übers Wasser,
sagte er,
musst du rennen,
sagte er,
wie der Blitz,
sagte er,
tust du's nicht,
sagte er,
sinkst du ein,
sagte er,
ganz bestimmt.

Bist du aber,
sagte er,
auf der Insel,
sagte er,
wirst du staunen,
sagte er,
denn dort liegen,
sagte er,
Edelsteine,
sagte er,
groß wie Knödel,
sagte er,
nur so rum.

Und die roten,
sagte er,
sind Rubine,
sagte er,
und die grünen,
sagte er,
sind Smaragde,
sagte er,
und die klaren,
sagte er,
Diamanten,
sagte er,
dass du's weißt.

Davon stopf,
sagte er,
wenn du magst,
sagte er,
in die Taschen,
sagte er,
was hineingeht,
sagte er,
denn das Zeug,
sagte er,
findet man,
sagte er,
nicht so oft.

Doch zurück,
sagte er,
übern See,
sagte er,
renn noch mal,
sagte er,
so geschwind,
sagte er,
denn du bist,
sagte er,
noch mal so schwer,
sagte er,
wie vorher.

Wenn du willst,
sagte er,
dann probier,
sagte er,
ob du's schaffst,
sagte er,
und saus hier,
sagte er,
übern Teich,
sagte er,
doch lauf flink,
sagte er,
ich schau zu.

Josef Guggenmos

WIE IST ES euch beim ersten Lesen ergangen?
– Habt ihr verstanden, um was es hier geht?
– Macht Vorschläge für einen Titel!

WER KÖNNTE dieser **ER** sein, wie mag er
aussehen, sprechen?
– Wie wird er von dem **Schatz** sprechen,
von den Gefahren?
Wie wird er den/die Zuhörer warnen,
ermahnen?

NUN PROBIERT **ihr** es einmal.
Einfacher geht es, wenn ihr
den Text vorbereitet.

So?	Oder so?	Oder?
Weit im See	Weit im See	…
liegt die Insel	~~sagte er~~	
eine Stunde	liegt die Insel	
ist's dorthin	~~sagte er~~	
aber du …	eine Stunde …	

EHE IHR EUCH entscheidet, welche Fassung
euch besser gefällt, lest nun noch einmal
den Originaltext.
Was wird durch die Unterbrechungen erreicht?

SPRECHT über eure Lesevorträge.
Was hat sich verändert?

Die Slopsteine bei Westerkappeln

An der Grenze zwischen Wersen und Westerkappeln liegen auf dem
Haler Felde die Slopsteine. Diese vorgeschichtliche Grabanlage führt
uns viertausend bis fünftausend Jahre in die Vergangenheit zurück,
in die so genannte jüngere Steinzeit. Dieses Grab ist das größte noch
5 erhaltene seiner Art in Westfalen und darf deshalb als eine besondere Sehenswürdigkeit des Tecklenburger Landes bezeichnet werden.

Auf 22 paarweise sich gegenüberstehenden Trägersteinen ruhen
noch vier Decksteine, von denen der größte zweieinhalb Meter lang
und fast zwei Meter breit ist. Die Länge der Grabanlage beträgt un-
10 gefähr 24 Meter, die Breite acht Meter. Ein Ring von Steinen, der sich
früher um das Grab zog, ist nur noch in Resten vorhanden.

Welche Menschen waren es, die ihren toten Angehörigen diese
wuchtigen Steine, die während der Eiszeit in Gletscherbetten von
Skandinavien bis in unsere Heimat geschoben wurden und dann
15 beim Schmelzen des Eises liegen blieben, zu einer Begräbnisstätte
auftürmten? Eine genaue Antwort kann niemand auf diese Frage
geben. Das Grab entstand etwa zur gleichen Zeit oder noch früher,
als die alten Ägypter ihre Pyramiden bauten. Einst war man sogar
der Ansicht, dass nur Riesen (Hünen) solche Gräber anlegen konn-
20 ten. Deshalb wurden sie meist „Hünengräber" genannt. Die Sage berichtet über die Slopsteine, dass dort einmal ein heidnischer König
seine letzte Ruhestätte fand.

Der Teufel im Wesertal

Der Teufel quälte die Bewohner des Wesertals, ihm zu dienen, aber
sie wollten nicht. Da dämmte er die Walllücke, eine Schlucht im Gebirge unweit Bergkirchen, durch welche die Weser ihr Wasser in die
Ebene nach Norden ergoss, und nun schwoll der Strom im Tale an
5 und stieg fast bis zur Krone des Gebirges. Die Leute retteten sich auf
die Berge, aber immer höher wurde das Gewässer und immer größer
die Not der armen Menschen. Plötzlich kam ein Gewitter und ein ge-
waltiger Sturm, ein Blitzstrahl spaltete das Gebirge und bildete eine
Schlucht, durch die Bergscharte floss das Wasser ab, und die Täler
10 und Tiefen wurden nach und nach frei. Als der Teufel sah, dass ihm
das Spiel verdorben war, geriet er in Wut, erhob sich in die Luft, eilte
nach den Höhen, packte einen ganzen Berg, nahm ihn auf den
Rücken und wollte ihn in die Schlucht stopfen und so die Bergscharte zudämmen. Doch die Last wurde ihm unterwegs zu schwer; an
15 der Grenze des heutigen Lippischen Landes fiel er mit seiner Bürde
zu Boden, und die Masse begrub ihn. Die Höhe heißt der Bonstapel
oder Bobenstapel, und noch soll der Teufel dort sitzen und von Zeit
zu Zeit rumoren. Die Bergschlucht ist die Porta Westfalica.

Heinz Rölleke

Das Hockende Weib

Als in uralter Zeit die Fluten des Meeres oft noch tief ins Land
strömten, füllte sich einmal die Ebene des Münsterlandes bis zu den
Bergen hin mit Wasser. Die Flut sprang über die Äcker und Wiesen
und drang bis zu den Häusern der Menschen vor.
5   In einer Hütte am Fuße der Berge unweit Ibbenbürens wohnte
eine Mutter mit ihren Kindern. Eines Morgens spielten die Kleinen
auf der Wiese und freuten sich über die Blumen, die dort blühten.
Die Mutter saß am Fenster in der Stube und sah dem munteren Treiben zu. Plötzlich rauschte und brauste es in der Ferne. Die Kinder
10 blickten erschrocken auf und vergaßen ihr Spiel. Als sie um sich

schauten, sahen sie das Wasser über das Feld kommen, ein großes, gewaltiges Meer.

„Mutter, die Flut", riefen sie, eilten ins Haus und klammerten sich an sie.

15 „In unsere Hütte wird das Wasser nicht kommen", tröstete die Mutter die Kinder. Aber kaum hatte sie das gesagt, da schossen die Wellen schon über die Schwelle und drangen in die Stube.

„Mutter, wir ertrinken!", weinten die Kleinen.

Da ergriff die Mutter ihre Kinder, nahm sie auf die Arme, eilte mit 20 ihnen aus dem Hause, trug sie durch die Flut, die ihr schon bis zu den Knien reichte, und hastete den Berg hinauf, um dem Verderben zu entgehen.

Am Berghang hatten sie eine Weile Ruhe, aber nicht lange währte es, da schrien die Kinder abermals: „Mutter, die Flut!"

25 Mit Entsetzen sah die Mutter, wie das Wasser auch den Berg heraufstieg, höher und immer höher. Schon netzte es ihre zitternden Füße. Da, in der größten Not, hockte die Mutter sich hin und sagte zu den Kindern: „Steigt auf meine Schultern!"

Dann betete sie: „Herr im Himmel, wenn ich auch ertrinken 30 muss, lass meine Kinder leben!"

Als sie so sprach und sich aufrichten wollte, vermochte sie es nicht mehr.

„Wird die Flut uns auch hier erfassen?", jammerten weinend die Kinder. Aber die Mutter antwortete nicht. „Warum ist deine Hand 35 so hart und kalt wie Stein?", schrie das kleinste. Und das älteste sagte entsetzt: „Mutter, deine Schultern sind auch wie Stein, deine Brust und dein Rücken auch."

Die Mutter konnte die weinenden Kinder nicht mehr trösten; denn sie war zu einem Felsblock erstarrt, der aus der brausenden 40 Flut emporragte und die Kinder trug, bis das Wasser sank.

So entstand das „Hockende Weib" an den Dörenther Klippen im Teutoburger Wald.

SICHER KENNT IHR auch in **eurer Umgebung**
besondere Steine und Felsbrocken,
die mit Sagen und Geschichten verknüpft sind.
– Stöbert in Heimatbüchern nach
  entsprechenden Texten und Bildern.
– Lasst euch auch Werbeprospekte schicken.

GESTALTET eine „Ausflugskarte"
mit eurem Material.
Wer könnte sich dafür auch noch
interessieren?

180

Ein Mädchen fand einen Stein

Am Rande des Meeres, wo Wasser und Land einander immerfort
berühren, fand ein Mädchen einen Stein, der leuchtete wie die
Sonne am Abend. Er war glatt und blank, warm in der Hand, und
das Mädchen lief ins Dorf zurück, um allen Leuten den Stein zu
5 zeigen.

Gleich bei den ersten Häusern stand eine Mühle, dort sah ein
dicker Mann heraus. Die Mühle hatte vier mächtige Flügel, die
drehten sich aber schon lange nicht mehr, und der Mann, der her-
aussah, war kein Müller, es war der Kunstmaler Seidelbast, die
10 Mühle war sein Malerhaus.

Das Mädchen sagte: „Ich hab' einen Stein gefunden", und hob die
Hand, wo der Stein nun lag: rot wie die Sonne am Abend, doch der
Seidelbast blickte nur wenig hin, er sagte: „Ich habe soeben ein Bild
vollendet."

15 „Der Stein, wie er leuchtet", sagte das Mädchen, doch der Seidelbast blickte wieder kaum hin, er sagte: „Ich habe soeben mein
schönstes Bild vollendet."

Nun verbarg das Mädchen den Stein und dachte bei sich: Er hat
nur dauernd sein Bild im Kopf, hört nichts und sieht nichts, so dick,
20 wie er ist. Die Mühle müsste sich drehn.

Das war so gedacht und gerade gedacht, da begann sich die
Mühle zu drehn. Ihre mächtigen Flügel, seit Jahren stumm, ächzten
und stöhnten, rauschten im Wind, und der Seidelbast flog vom Fenster hinweg, und das Mädchen flog die Straße hinab. Was war auf
25 einmal geschehn?

Im Dorf, die lange Straße hinab, fand sich kein Mensch, zu dem
das Mädchen hätte reden können, dann aber, endlich, fand sich
Walpurga Walpurgis. Dies war ein Mädchen gleichen Alters, lieblich
im Ganzen anzusehen und täglich aufs Neue beneidet um ihre wun-
30 derschönen schwarzen Haare.

„Die Mühle, die Mühle!", rief das Mädchen, doch Walpurga
Walpurgis war in Eile, winkte nur freundlich und rief: „Ich komme
morgen, schönen Gruß."

„Die Mühle dreht sich!", rief das Mädchen, doch Walpurga
35 Walpurgis blieb in Eile, winkte nur wieder, wieder so freundlich, und
das Mädchen, nun böse, dachte bei sich: Wenn sie grüne Haare hätte.

Das war so gedacht und gerade gedacht, da wurden die Haare
von Walpurga grün. Eben noch glänzend, wie Ebenholz schwarz,
wurden sie nun wie Waldmoos grün; das verschlug dem Mädchen
40 Atem und Sprache.

Es rannte, rannte, es rannte nach Hause.

Dort, in der Küche, war die Mutter.

Sonnenlicht blitzte in Töpfen und Tiegeln.

Die Kacheln wie Spiegel, die Fliesen ohne Staub.

45 Mitten darin die allzeit fleißige Mutter.

Das Mädchen wollte reden, schnell wie ein Sturzbach los: Die
Mühle, die Mühle, der Stein. Der Stein, die Mühle, die grünen
Haare – und immer so weiter ungefähr, doch die Mutter war schneller, ihre Stimme zu hören, bevor das Mädchen noch die Türe
50 schloss: „So spät, so spät! So spät", sagte sie. „Warum denn kommst
du so spät? Und siehst wieder aus und sagst mir nichts. Sitzt da,
stehst da und sagst mir nichts. Kommst spät, siehst aus und sagst
mir nichts. Sagst mir einfach nichts."

Das Mädchen blieb stumm, es sah eine Wolke: fern und leicht und
55 weiß und still. Der Himmel war blau, die Wolke war still, und das
Mädchen dachte:

(…)

Benno Pludra

WIE WÜNSCHT ihr euch den Schluss
der Geschichte?
In einer Leserunde werden sicher
verschiedene Möglichkeiten deutlich.

UND WAS passiert, wenn solch ein Stein
das Herz eines Piraten ist, der früher
der Schrecken der Meere war?
Besorgt euch dieses Buch und legt es
für Vorlese- und Vertretungsstunden …
bereit.

Nur ein Stein

... die Erde erzitterte, Felsklippen zersprangen, und riesige Felsblöcke stürzten mit ohrenbetäubendem Getöse zu Tal. Über dem
Gipfel des Vulkans schwebte eine riesige Wolke von dichtem Rauch,
rot bestrahlt vom glühenden Rachen des Vulkans. Vom dunklen
5 Himmel fielen Asche und fauchend glühende Lavastücke. Der bro-
delnde See im Rachen des Vulkans schwoll an, quoll über den felsigen Rand des Kraters und wälzte sich in gleißendem Strom über die
Flanke des Berges talwärts. Die Luft roch nach Schwefel und giftigen
Gasen.
10   In der Schlucht kam der erkaltende Lavastrom zum Stehen. Den
schwarzen Himmel durchfuhr ein Blitz, und aus den Wolken löste
sich ein Regenguss. Zwischen den einzelnen Donnerschlägen war
das Zischen des Dampfes zu hören, der sich aus der erstarrenden
Lava wälzte; es klang, als atme die Erde schwer.
15   So werden gewöhnliche Steine geboren.
    Die Erde war öde. Als die Sonne durch die dichten Wolken drang,
beleuchtete sie nur Steine. Nirgends gab es einen einzigen Baum,
einen einzigen Grashalm. Schwere Stille lastete auf der felsigen
Wildnis. Zuweilen nur war ein Gesteinsbrocken zu hören, der sich
20 vom verwitterten Felsen löste und in die Schlucht hinunterrollte.
    Das war die Sprache der Steine.
    Auch der Wind sprach seine eigene Sprache, wenn er sich an den
scharfen Felsriffen rieb. Und der Bach, der über die Felsblöcke auf
dem Grunde der Schlucht floss, sprach unaufhörlich, bei Tag und
25 Nacht, unendlich lang. Zog aber ein Gewitter herauf, dann war nur
seine gewaltige Stimme zu hören.
    (...)
    Die Lava, die damals nach dem Ausbruch des Vulkans auf dem
Grunde der Schlucht erstarrt war, wollen wir den Wanderer nennen,
30 auch wenn der Weg, den dieser steinerne Wanderer bisher zurückge-
legt hat, so kurz ist.
    (...)
    Während der Wanderer schlief, wechselten über der Wildnis Tag
und Nacht, Hitze und Kälte, Sonne und Regen, Sturm und Windes-
35 stille. Der Krater des Vulkans war erkaltet, und in der Oberfläche
des kleinen Sees auf seinem Grunde spiegelte sich der Himmel.

Der Große Ozean, der einstmals nur ein kleiner glänzender Streifen am Horizont gewesen war, umspülte nun den Fuß des Vulkans. Die ewig hungrige Flut nagte am verwitterten Gestein, und unermüdliche Wellen spülten Sand ans Ufer. Das war alles, was geschah, während der Wanderer dort schlief.

In seinem tiefen Schlaf spürte er nicht, dass oben ein weiteres Jahrtausend vergangen war, dass das Meer ein großes Stück Festland überflutet hatte und dass der alte Vulkan jetzt als felsiges Eiland aus dem Wasser ragte.

Er erwachte nicht einmal an dem Tage, als Erde und Meer in einem gewaltigen Ausbruch erzitterten; der vulkanische Berg versank im Meer. Von dem Krater, in dem der Wanderer geboren worden war, blieb nur ein zerklüfteter Kranz von Felsen, die aus der düsteren Fläche des Ozeans ragten.

(...)

Hundert Jahre sind in der Nacht der Steine eine Sekunde. In zehn Sekunden vergehen tausend Jahre, in einer Minute sechstausend Jahre, in einer Stunde dreihundertsechzigtausend Jahre. Es ist also kein Wunder, dass mehr als drei Millionen Jahre vergingen, ehe der Wanderer erwachte. Er erwachte eines Morgens nach einem Wirbelsturm, der die letzte Schicht Sand von seinem Körper geweht hatte. Er konnte sich nicht erinnern, wo er war. Er erinnerte sich an den Vulkan. Aber der Vulkan war verschwunden. Auch der Große Ozean war verschwunden. Rund um ihn war nur Sandwüste, aus der hier und dort dunkle Felsstücke herausragten.

Es waren kaum eine Million Jahre vergangen, und wieder befand sich der Wanderer in völliger Dunkelheit. Schweigen ist das ewige Los der Steine. Und der Wanderer war geduldig. Eine Million Jahre lagerten Flüsse Schlamm und Geröll über seinem Haupt ab. Eine weitere Million Jahre sengte eine glühende Sonne die Landschaft, und Wirbelstürme bedeckten die Wildnis mit Sand. Durch zweihundert Millionen Jahre bauten Wasser und Wind eine schwere Decke über dem Wanderer. Unter ihrem ungeheuren Gewicht bog sich bald die Erde. Aber der Wanderer schwieg, und sein harter Körper ward nur noch härter.

Unter so schwerer Decke verlebte der Wanderer seine Jugendzeit.

(...)

Das Meer war vom Horizont bis dicht an den Wanderer herangekommen. In der seichten Bucht überschlugen sich die heranfluten-

WER IST dieser Wanderer?
Wie wurde er geboren?

184

den Wellen, und auf den Sandboden der Küste gelangte nur mehr weißer Schaum. Auf dem nassen Sand ließen die Wellen etwas zurück, was der Wanderer noch niemals gesehen hatte – als wäre es nicht von dieser Welt. Es war weder Stein, noch war es Wasser; es
80 war grün, zart, fein.

Mag sein, dass es den Wanderer gelüstete, in jene Tiefen unterzutauchen, aus denen das geheimnisvolle Grüne stammte. Eines Tages stürzte eine Höhle ein, die das Meer unter seinem schweren Körper genagt hatte, und er versank ins Meer.

85 Dort unten war blaugrüne Dämmerung und Stille. Es war eine Welt, die der Stein bisher nicht gekannt hatte. Zierliche grüne Algen wiegten sich zwischen bemoosten Felsblöcken, aus dem Sand ragten verschiedenfarbige Schwämme und Korallen, am Boden krochen schwerfällige Trilobiten*, und über all dem schwebten zarte, durch-
90 sichtige Quallen. Der Wanderer konnte nun alle verborgenen Geheimnisse des Meeres erschauen, und in der grünen Dämmerung, die mit samtener schwarzer Dunkelheit abwechselte, konnte er vom Licht träumen, von der Sonne und von den Sternen.

(...)

95 Zweihundert Millionen Jahre träumte der Wanderer auf dem Grunde des Ozeans von der Welt des Lichtes, aber als er sie endlich erblickte, staunte er. Es war dies eine verwandelte Welt. Das Meer war weit hinter den Horizont zurückgewichen. Hier waren nur ausgedehnte Sümpfe verblieben, die in nebliger Ferne verschwammen, wo dro-
100 hend einige Vulkane rauchten. Die Oberfläche der Sümpfe bedeckte grüner Schleim, und die Ufer der Tümpel entlang krochen Pflanzen.

Es war ein wunderbarer Wandel von der alten steinernen Welt zum Reich der Pflanzen.

Während warme Regen Jahrtausende hindurch beharrlich die
105 Reste der roten Sandsteinfelsen bespülten, die einst in fernen Zeiten der Ozean auf des Wanderers Rücken gelagert hatte, geschahen neue Wunder. An den Ufern der Tümpel erwuchsen Bäume. Das waren keine armseligen grünen Fasern mehr, wie sie das Meer ausgeworfen hatte, auch keine geduckten, kriechenden Büschel von Blättern.
110 Starke und feste Stämme erhoben sich von den Ufern zum Himmel und trotzten dem Wind so lange, bis ein Blitz oder ein wilder Wirbelsturm sie in den Schlamm stürzte. Aber das stolze Geschlecht der Bäume ergab sich nicht. Aus den gefallenen Stämmen erwuchsen mit der Zeit neue Bäume, noch größer und noch schöner.

* Lebewesen im Zeitalter der kambrischen Meere; die Körper der Trilobiten waren von einem harten, aber elastischen Chitinpanzer bedeckt.
vgl. Abb. auf Seite 193

¹¹⁵ Eines Tages geschah zu drückend heißer Mittagsstunde das größte Wunder, das der Wanderer je gesehen hatte; aus einem halb ausgetrockneten Tümpel kroch ein Fisch an das Ufer! Es war aber kein gewöhnlicher Fisch.

Es war ein Dipterus.

(…)

Jahrhunderte hindurch geschah nichts anderes, als dass Regenschwall auf Regenschwall Geröll von den Hängen spülte und in die Schlucht rollte. Der Wanderer ahnte, dass ihm wieder ein langer Schlaf unter der Erde bevorstand. Er hatte sich nicht geirrt; fünfzig Millionen Jahre vergingen, ehe er wieder das Licht der Sonne erblickte.

Er ragte nur ein ganz klein wenig aus der Erde hervor. Ringsum lag nicht mehr harter und kalter Schutt, sondern weicher und warmer Schlamm, und überall wuchs dichtes grünes Moos. Sonnenstrahlen arbeiteten sich mühsam durch Fächer riesiger Farnpflanzen hindurch und tauchten bis auf den Grund des seichten Tümpels.

Aus dem Dickicht nasser Moose kroch langsam und zögernd ein Tier mit großem Kopf auf den herausragenden Felsen. Zum ersten Male spürte der Wanderer, wie etwas Lebendiges ihn berührte – soweit ein Stein etwas spüren kann.

Es ist nur selbstverständlich, dass der Wanderer keine Ahnung ¹⁴⁵ von Latein hatte. Er konnte nicht wissen, dass viele Millionen Jahre später irgendwelche Wissenschaftler dem großköpfigen Tier solch einen seltsamen Namen geben würden: Branchiosaurus.

Aber der Branchiosaurus lebte. Er siedelte in feuchtem Gesträuch am schlammigen Ufer des Tümpels, und jeden Morgen kroch er auf ¹⁵⁰ den sonnenbestrahlten Felsen hinauf. Dann pflegte er sich auf die Jagd zu begeben. Man konnte ihn hören, wie er sich seinen Weg durch das Unterholz von Farn, Moos und Schachtelhalm bahnte, Spinnen, Tausendfüßlern und Skorpionen nachspürte.

Dipterus

Ein Dipterus war ein so genannter Lungenfisch. Seine Luftblase hatte sich zu einer Art einfacher Lunge umgebildet, sodass sich bei ihm neben der Kiemenatmung auch die Lungenatmung herangebildet hatte. Dank dieser doppelten Atmung konnte der Dipterus auch außerhalb des Wassers leben und sich bewegen.

186

Jeden Mittag, in der drückendsten Hitze, kam eine riesige Libelle
155 an den Tümpel geflogen. Sie war so groß, dass der trockene Ast
eines baumartigen Schachtelhalmes sich unter ihrem Gewicht bog.
Wenn sie sich erholt hatte, erhob sie sich wieder mit Summen und
verschwand in der flimmernden Mittagsluft.

Eines schwülen Abends zog ein gewaltiges Gewitter herauf. Ein
160 Wirbelsturm fegte den Bestand baumartiger Schachtelhalme auseinander und verwüstete das Farngestrüpp. Ein Regenschwall füllte
den Tümpel mit Schlamm. Am Morgen wartete der Wanderer vergeblich auf den großköpfigen Branchiosaurus. Auch die Libelle kam
mittags nicht angeflogen. Der Wanderer wartete geduldig eine Reihe
165 von Tagen, aber weder Branchiosaurus noch Libelle kamen je wieder
zum Vorschein.

Der Fels beim Tümpel verschwand langsam im Morast. Bei jedem
Gewitter sank er tiefer. In einiger Zeit hatte der Schlamm die Überreste des Schachtelhalmwaldes und des Farngestrüpps, das Moos und
170 den Felsen überzogen. Dann ergoss sich Wasser über all das. Aus
dem Wasser sprossen neue Schachtelhälmchen und Farnpflanzen
und verschwanden von neuem unter Anschwemmungen von
Schlamm. Die Luft roch nach Fäulnis. Die heiße Sonne
durchstrahlte den schwülen, dunstigen Nebel.

175 Davon sah der Wanderer nichts mehr. Er döste
im heißen Dunkel unter dem Sumpf und
wartete. Er wusste, dass nichts ewig
währt – weder Licht noch Dunkel.
(…)

180 Es dauert Jahrzehnte, ehe im
Sumpfland ein Baum empor-
wächst. In hundert Jahren
wächst ein Wald heran. Aber
Jahrtausende vergehen, ehe ein
185 mächtiger Urwald heran-
wächst. Den bemoosten Felsen
am Rande der Schlucht bedeckt
Zunder. Es ist dämmerig hier,
und es herrscht eine schwüle,
190 feuchte Hitze. Die Stille ist so
groß, dass auch ein Stein aus

Branchiosaurus

seinem Schlummer erwacht, wenn ein schwerer Edaphosaurus auf einen morschen Ast tritt.

195 Zahlreiche Gewitter entwurzelten die hohen Bäume des alten Urwaldes. Die schweren Stämme versanken im morastigen Boden, aus dem neue Bäume hervorwuchsen, um dereinst im Sturm zu fallen. So vergingen Jahrtausende.

(...)

Es war eine stürmische Zeit im Leben des Wanderers.
200 Die Berge bebten oft, die Erde öffnete sich in schwarzen, bodenlosen Spalten, Felsen stürzten ein, und in den glühenden Rachen der Vulkane wurden neue Steine geboren. Die gewaltige Kraft des Erdinneren verschob Berge und stürzte sie um. Den Wanderer verschüttete Felsgeröll. Er wurde
205 durch Dunkel von Ort zu Ort geschleppt, gehoben, gedreht, gedrückt und gebrochen. Aber er war geduldig. Er kannte das Los der Steine.

Nach einigen Millionen Jahren war die stürmische Zeit vorüber. Eines Nachts fegte der Wind den feinen Sand fort, und der Wanderer
210 erblickte die aufgehende Sonne. Sie bestrahlte eine Sandwüste, aus der sich nur stellenweise Trümmer verwitterter Felsen über Oasen grüner Vegetation erhoben. Alles hatte sich verändert; die Urwälder, die Berge, selbst der Wanderer. Aus der mächtigen Felsenklippe war ein
215 Felsblock geworden.

Von der sandigen Anhöhe, wo der Wanderer ruhte, war ein kleiner See zu sehen, dessen Oberfläche die schlanken Stämme der Pleuromeia widerspiegelte. Eine unterirdische Quelle speiste den kleinen See schon viele Jahre lang mit kristallklarem,
220 kühlem Wasser und tränkte die Wurzeln der Schachtelhalme und der niedrigen Cykasen. Zuweilen schien es, als solle der See mit seiner Vegetation in den Sandstürmen ersticken, aber die Quelle schwemmte den angewehten Sand immer wieder fort, und die zähen Pflanzen richteten sich über den gestürzten Stämmen der
225 Pleuromeia wieder auf. Das Leben war unsterblich.

Es schien, als sei auch der uralte Moschops unsterblich. Es war dies eine schwerfällige Echse, die schon mehr als hundert Jahre ganz allein am kleinen See in der Wüste lebte. Seine runzlige und schrumplige Haut hatte schon manchen Sturm erlebt. Er lebte hier
230 friedlich in der Stille der Wildnis. Aufmerksam wachte er über sei-

Edaphosaurus

WANN lebte der Edaphosaurus? Vergleiche hierzu auch die Abbildung auf Seite 193.

nem kleinen Königreich. In seinem stumpfen Reptilienhirn gab es keinen Raum für kluge Erwägungen, aber eine Weisheit hatte er von seinen Vorfahren ererbt, die Generationen hindurch mit der Wüste um ihr Leben gerungen hatten; er wusste, dass die Pflanzen an den
235 Ufern des kleinen Sees seines ewig hungrigen Magens wegen kaum nachwachsen konnten.

Verirrte sich irgendeine andere Echse aus einer fernen Oase an seinen See, dann stürzte er sich mit wütendem Fauchen auf den Eindringling und jagte ihn in die Wüste. Er pflegte dann lange keine
240 Ruhe zu finden. Starr stand er da und rührte sich nicht von der Stelle, auf die starken krummen Beine gestemmt, mit unbewegtem Reptilienblick auf die Düne starrend, hinter der der Eindringling verschwunden war. Aus seinem weit geöffneten, großzahnigen Maul stieß er röchelndes Fauchen hervor. Gierig machte er sich dann
245 daran, die harte parenchymatöse Vegetation zu vertilgen, als wäre er in diesem Augenblick maßlos hungrig geworden. Oder glaubte er, alle Pflanzen verschlingen zu müssen, ehe ein Feind sich ihrer bemächtigte?

Doch während er auf der einen Seite des kleinen Sees alles ab-
250 graste, wuchsen auf der anderen Seite die Pflanzen beharrlich nach.

So sah ihn der Wanderer von der sandigen Anhöhe jahrelang, wie er sich nährte, wie er sich in der Sonne wärmte und wie er alterte.

(...)

WIE KÄMPFT der Moschops
ums Überleben?

Moschops

Aber nichts ist ewig auf der Welt. Am blauen Himmel zieht eine
255 Wolke herauf. Die Regenfälle werden dichter. Bäche und Flüsse graben Rinnsale in den Sand. Auf den öden Ebenen mehren sich die aufschießenden Urwälder.

In einer von einem wilden Fluss ausgehöhlten Schlucht ragt aus der Wand des versteinerten Sandes ein Felsblock hervor. Es ist der Wanderer. Tausend Jahre beobachtete er, wie der Urwald wächst. Dann spült ihn der Regen aus dem Sandsteinfelsen und wirft ihn hinab in den brodelnden Fluss. Hundert Jahre schiebt ihn der Fluss über felsigen Grund. Hundert Tage liegt er unter dem von der Flut angeschwemmten Morast. Beharrlicher Nachtregen spült Stunde um Stunde Schlamm ab, und als morgens die Sonne den Nebel durchbricht, liegt der Wanderer am Ufer eines Sees. Aus dem Wasser

tauch ein Diplodocus auf, das größte Tier, das jemals auf der Erde
270 gelebt hat. Gemächlich schreitet es durch den Schlamm, das Wasser
fließt an seinen Flanken hinunter, als wären es die Flanken eines Berges. Einen Fuß wie eine Säule stemmt er gegen den Felsblock. Der
Wanderer versinkt in den Boden, und Dunkel schließt sich über ihm
für tausend Jahre.

275 Auf dem steilen lehmigen Ufer des Flusses liegt ein bemooster
Felsblock. Es ist nur ein Stein (der Wanderer), aber er hat schon ein
buntes und abenteuerreiches Leben hinter sich. Der tiefe Tümpel im
Flussboden ist sein Werk.

(…)

Diplodocus

280 Bei einer der häufigen Überschwemmungen verfingen sich die
Wurzeln eines mitgerissenen Baumes an dem Felsblock. An dem
hängen gebliebenen Stamm häuften sich weitere treibende Stämme
an und versperrten dem Fluss den Weg. Das strömende Wasser höhl-
te dann im lehmigen Ufer eine Bucht aus.

285 Später trieb das Wasser die Stämme fort, und von der alten Bucht
blieb nur ein großer, tiefer Tümpel. Er ist groß genug auch für ein rie-
senhaftes Krokodil, das sich unter dem unterhöhlten Ufer angesiedelt
hat. Es beherrscht den Tümpel und seine Umgebung. Es ist aber maßlos faul. Tagelang sonnt es sich auf einer Sandbank, die den Tümpel
290 vom Fluss trennt, und wartet, ob der Fluss ihm irgendein Aas bringt.

Wird sein Hunger gar zu groß, schnüffelt es im Dickicht, das den Tümpel umgibt, oder es lauert unter Wasser nahe dem Ufer auf Tiere, die zum Fluss trinken kommen. Es ist der Schrecken des Tümpels und seiner Umgebung.

DER ALLOSAURUS begnügt sich nicht mit dem Fressen von Gräsern und Pflanzen ...

295 Aber der wahre Herrscher und Tyrann der ganzen Gegend ist der Allosaurus, eine riesige Raubechse, die auf ihren mächtigen Hinterbeinen einherschreitet. Sie treibt sich auf den Lichtungen an den Ufern des Flusses herum, arbeitet sich durchs Dickicht hindurch mit gierigem, halb geöffnetem Maul und sucht mit ihren phosphoreszie-
300 renden grünen Augen unermüdlich nach Beute. Nichts entgeht ihrer ungeheuren Gefräßigkeit. Mit starken, scharfen Zähnen zermalmt sie Knochen wie Grashalme, und was ihr Maul einmal erwischt, das lässt es nicht wieder fahren. Jedes Tier flieht, sowie es dieses blutgierige Raubtier aus dem Dickicht auftauchen sieht.

305 Auch der schwerfällige Brontosaurus eilt ins Wasser, taucht im trüben Wasser unter und streckt den dünnen Hals hoch über die Wasserfläche. Mit stumpfem Reptilienblick verfolgt er die Bewegungen des Raubtieres.

Nur der Stegosaurus flieht nie. Er kaut Gräser und dicke
310 Kräuterblätter, die er langsam und zögernd aus der Unmenge wuchernder Pflanzen auswählt. Gleichgültig gleitet sein Blick an dem fürchterlichen Raubtier vorüber. Er ist ruhig. Sein mächtiger, von runzliger Haut bedeckter Körper trägt auf dem gekrümmten
315 Rücken eine doppelte Reihe in Spitzen auslaufender Panzer, und aus dem dicken Schwanz ragen vier starke, scharfe Hörner hervor.

Wann immer der Allosaurus das gepanzerte Tier erblickt, faucht er er-
320 bost, wendet den gierigen Blick ab und tritt von einem Bein auf das andere, ohne sich von der Stelle zu rühren. Dann senkt er den Nacken und verkriecht sich
325 schnaubend in der grünen Dämmerung des tropischen Dschungels. (…)

Ludek Pesek

Allosaurus

DER WANDERER hat eine unendlich lange
Geschichte hinter sich.
Schaut euch dazu noch einmal die
Zeitangaben im Text an.

LASST NOCH EINMAL an euch vorbeiziehen, was in dieser
langen Zeitspanne alles geschehen ist ...
Haltet in einer **Tabelle** wie in einem Zeitraffer fest,
was der Wanderer bis jetzt erlebt hat.

Gewaltige Naturkräfte sind im Gange	Der Wanderer findet sich an immer neuen Orten wieder	„Seine Welt" verändert sich
Vulkanausbruch	Lavastrom erkaltet in einer Schlucht, „der Wanderer" wird geboren.	Die Erde ist öde. Es gibt kein Leben, keine Bäume, kein Gras, nur Steine
Das Meer überflutet das Festland.	Der Vulkan ragt aus dem Wasser.	Felsen ≙ Wildnis
Erdbeben	Der Vulkan versinkt im Meer.	...
Wirbelsturm	Der Wanderer erwacht in einer Sandwüste.	Die Welt ist voll Licht und Wärme.

WELCHES IST das größte Tier, das je
auf der Erde gelebt hat?

AUCH ÜBER die anderen Saurier erhaltet
ihr verschiedene Informationen ...
– Stellt sie übersichtlich zusammen.
– Bei der zeitlichen Einordnung hilft
euch auch die gegenüberstehende
Abbildung.

DIE WANDERUNG des Steins geht im Buch von
Ludek Pesek weiter – und zwar bis hin zu **euch** ...
– Erzählt oder malt **einen** weiteren Abschnitt
aus der langen Geschichte des Wanderers
nach eurer Wahl.
Studiert dazu auch die Abbildung auf Seite 193.
– Vielleicht seid ihr mit den Lebewesen einer
bestimmten Periode gut vertraut.
Auf jeden Fall gibt es viele spannende Bücher in
der Bibliothek (s. Seite 195).

WENN IHR im Rahmen einer Projektwoche an diesem Thema
arbeitet, könnt ihr die Arbeit unter euch in **Gruppen** so
aufteilt, dass ihr die Geschichte des Wanderers durch
alle Perioden hindurch bis heute in Texten und Bildern
erarbeitet und darstellt.

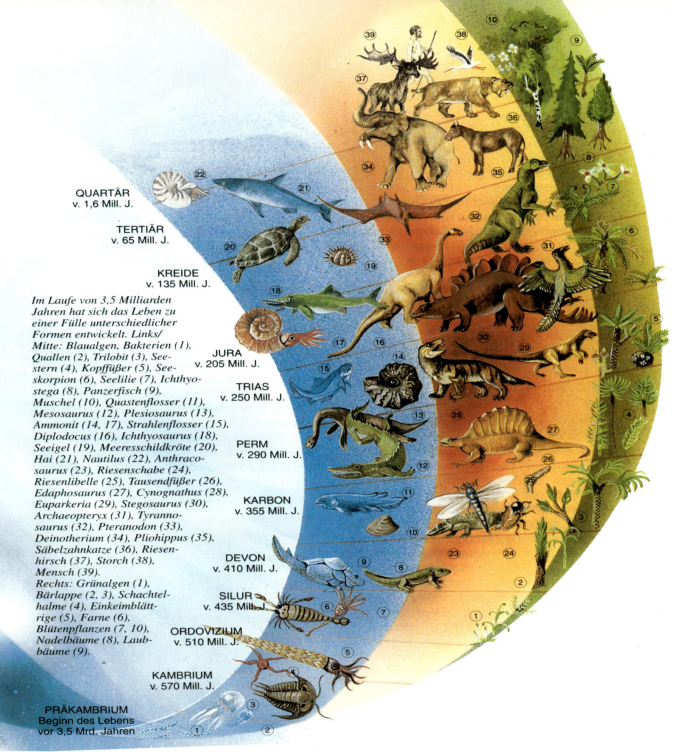

QUARTÄR
v. 1,6 Mill. J.

TERTIÄR
v. 65 Mill. J.

KREIDE
v. 135 Mill. J.

*Im Laufe von 3,5 Milliarden
Jahren hat sich das Leben zu
einer Fülle unterschiedlicher
Formen entwickelt. Links/
Mitte: Blaualgen, Bakterien (1),
Quallen (2), Trilobit (3), See-
stern (4), Kopffüßer (5), See-
skorpion (6), Seelilie (7), Ichthyo-
stega (8), Panzerfisch (9),
Muschel (10), Quastenflosser (11),
Mesosaurus (12), Plesiosaurus (13),
Ammonit (14, 17), Strahlenflosser (15),
Diplodocus (16), Ichthyosaurus (18),
Seeigel (19), Meeresschildkröte (20),
Hai (21), Nautilus (22), Anthraco-
saurus (23), Riesenschabe (24),
Riesenlibelle (25), Tausendfüßer (26),
Edaphosaurus (27), Cynognathus (28),
Euparkeria (29), Stegosaurus (30),
Archaeopteryx (31), Tyranno-
saurus (32), Pteranodon (33),
Deinotherium (34), Pliohippus (35),
Säbelzahnkatze (36), Riesen-
hirsch (37), Storch (38),
Mensch (39).
Rechts: Grünalgen (1),
Bärlappe (2, 3), Schachtel-
halme (4), Einkeimblätt-
rige (5), Farne (6),
Blütenpflanzen (7, 10),
Nadelbäume (8), Laub-
bäume (9).*

JURA
v. 205 Mill. J.

TRIAS
v. 250 Mill. J.

PERM
v. 290 Mill. J.

KARBON
v. 355 Mill. J.

DEVON
v. 410 Mill. J.

SILUR
v. 435 Mill. J.

ORDOVIZIUM
v. 510 Mill. J.

KAMBRIUM
v. 570 Mill. J.

PRÄKAMBRIUM
Beginn des Lebens
vor 3,5 Mrd. Jahren

193

Wie alt ist die Erde?

Soweit wir wissen, ist die Erde ungefähr 4,6 Milliarden Jahre oder, anders ausgedrückt, 4600 Millionen Jahre alt.

Es dürfte verständlicher sein, sich diesen Zeitraum als eine Uhr vorzustellen, die eine Stunde vom Ursprung der Erde bis heute
5 durchläuft. Auf dieser Uhr existierte auf der Erde in den ersten 21 Minuten kein Leben – entsprechend 1,6 Milliarden Jahre der Erdgeschichte. Dann entstand das Leben, doch wissen wir darüber
10 sehr wenig.

Mehr als eine halbe Stunde, fast 3 Milliarden Jahre, waren die Lebewesen Meerestiere mit einem
15 weichen Körper. Dann, etwa acht Minuten vor der vollen Stunde, vor 570 Millionen Jahren, entstanden plötzlich
20 Tiere mit harten Schalen und Knochen. Von da an entwickelten sich Lebewesen allenthalben.
25 Diesen Zeitraum von 570 Millionen Jahren unterteilt man in Paläozoikum, Mesozoikum und Känozoikum, außerdem
30 jedes Erdzeitalter in mehrere Formationen. Die verschiedensten Tiere und mannigfaltigsten Pflanzen lebten in den einzelnen Formationen. Auf unserer Uhr erschien der
35 Mensch eine Zehntelsekunde vor Ablauf der vollen Stunde.

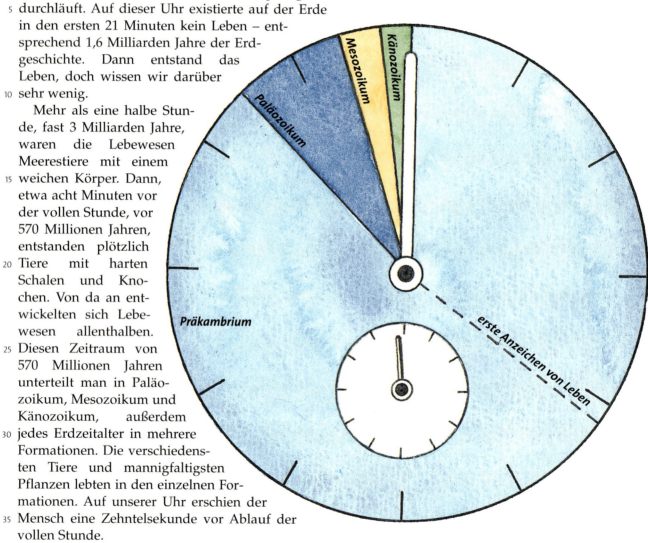

194

Literaturtipps:

David Norman

Ursprünge des Lebens

Die Geschichte der Evolution des Lebens auf der Erde – von den ersten Organismen bis zum Auftauchen der Säugetiere und der frühesten Vorfahren des Menschen

Bertelsmann 1994

WAS IST WAS

Unsere Erde

Dieses Buch erzählt von der Entstehung des Planeten Erde vor ca. 4,6 Milliarden Jahren, von der Entwicklung des Lebens auf ihm bis hin zum Menschen sowie von den immer währenden Kräften und Vorgängen in der Natur.

Tessloff Verlag 1997

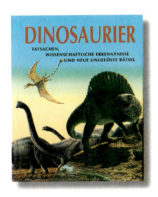

Dinosaurier

Tatsachen, wissenschaftliche Erkenntnisse und neue ungelöste Rätsel

Neuer Kaiser Verlag

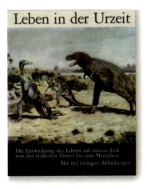

Leben in der Urzeit

Die Entwicklung des Lebens auf unserer Erde von den frühesten Tieren bis zum Menschen

Verlag Werner Dausien 1984

Du bist ein Indianer, Hannes

JANOSCH, ein Schriftsteller, den ihr
  sicher alle kennt, hat dieses
  Buch in einer knappen, flotten
  Sprache geschrieben.
– Hier findet ihr Auszüge aus
  diesem Buch und viele Anregungen, wie ihr damit arbeiten und
  umgehen könnt.
  Dabei lernt ihr Hannes Strohkopp
  kennen und verstehen.
– Wenn ihr noch mehr aus diesem
  Buch hören möchtet, bittet
  euren Lehrer/eure Lehrerin,
  euch daraus vorzulesen.

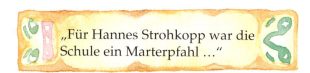

„Für Hannes Strohkopp war die
Schule ein Marterpfahl …"

So beginnt die Geschichte von Hannes, der nicht
besonders groß, stark oder mutig ist und in seiner
Klasse unter all den Strebern, Starken, Lauten und
Sportlern keinen einzigen Freund hat, der zu ihm hält.
Am schlimmsten für Hannes ist Lehrer Birkenpappel,
der ihm nur schlechte Noten gibt, manchmal sogar
eine 6 („mit Umrandung und Totenkopf!")!
Hannes hat nur noch Angst:
vor der Schule, dem Lehrer, den Mitschülern,
den Zensuren …

UND NACH der Schule?

(…)
Nur nach der Schule, wenn er draußen war, erging es
dem Hannes etwas besser. Da ging er zum Teich und in
den Wald, und dort kannte er jede Mausespur im Sand.
5 Kannte die Schmetterlinge und Pflanzen, die Vögel, Fische, Wassertiere.
    Kannte sie, weil er ein Späher war. Ein Späher und
Spurensucher.
    Du kannst innerlich ein Späher sein und äußerlich in
10 die Schule gehen und dort gemartert werden, das geht.
Ein Späher ist einer, der alles sieht und hört; ein Spurensucher – einer, der alles findet, was rund um ihn herum ist.

Sein Reich erstreckte sich vom Teich bis zu den blauen Bergen am
Horizont. Und der ganze Wald gehörte natürlich dazu. Die Felder,
15 die Wiesen.
(…)
Nur am Nachmittag lebte er dann das Leben des einsamen Fähr-
tensuchers. Strich durch die Felder, untersuchte die Zeichen im
Sand und versuchte, die Spuren der Vögel am Himmel zu erken-
20 nen. *Denn das* wäre die höchste Kunst der Spurensicherung: *die Spu-*
ren der Falken am Himmel erkennen.
Wow.
Beim Teich hatte er manchmal einen alten Mann getroffen. Der
hatte ihn gelehrt, die Spuren der Fische im Wasser zu erkennen.
25 „Und zwar bleibt noch etwa zwanzig Sekunden lang eine Was-
serspur erkennbar, wenn ein Fisch durchgezogen ist. Je nach Größe
(des Fisches) stärker oder schwächer."
Das war einer, mit dem konnte Hannes reden.

NACH DER SCHULE und am Nachmittag ergeht es Hannes etwas
besser.
Tragt zusammen, wo er zu
finden ist und was er dort macht.

WARUM ergeht es Hannes wohl
nur **etwas** besser?

VIELLEICHT gibt es auch unter **euch**
„Späher und Spurensucher" …
Erzählt von euren Naturerlebnissen.

STELLT EUCH VOR, dass Hannes
seine Beobachtungen abends
in ein Natur-Tagebuch
eingetragen hat.
– Wie könnte eine Seite darin
aussehen?
– Für diese Aufgabe könnt ihr euch
am besten auch selbst einen
Nachmittag auf die Socken
machen und schauen, was sich
„draußen" alles entdecken lässt.

20. Februar

An der Wegböschung zum
Wald blühen Schnee-
glöckchen, teilweise sind sie
noch von Laub bedeckt.

Die Haselkätzchen stäuben
jetzt.
Der erste Zitronenfalter …

197

Eines Tages hört Hannes auf dem Weg zur Schule ein sonderbares Patschen hinter sich …

Und sein Herz schlug bis über den Kragen. Um ihn war es jetzt
30 wohl geschehen: Herzschlag, Sense, aus. Er schaute mit letzter Kraft
nach unten, wo seine Hand hing, berührt von der Lebensbedrohung.
Dort aber war nur ein Hund.
Ein riesengrauer Hund.
Das Herz schlug wieder langsamer, der Hannes konnte atmen,
35 und der Hund sagte:

„Nimm mich mit!"

„Zu dir nach Haus."

„Wohin?"

„Verstehe ich die Hundesprache?
Natürlich verstehe ich die Hundesprache,
sonst wüsste ich nicht, was der Hund
gesagt hat. Na, wenigstens kein Feind."

„Ich habe Hunger", sagte der Hund, und
der Hannes gab ihm sein Frühstücksbrot.
„Wie heißt du?", fragte der Hund.

„Strohkopp, Vorname Hannes.
Und du?"

„König", sagte der Hund,
„Vorname Maks!"

LEST diese Begegnung mit
   verteilten Rollen.

SO EINFACH ist es aber nicht, einen riesengrauen Hund
   ohne Ankündigung mit nach Hause zu nehmen.
– Was werden die Eltern dazu sagen?
– Ob Maks König gute Argumente hat, alle Bedenken
   zu zerstreuen?

   UND NUN malt Maks König.

Denkt daran: riesengrau!

Hannes nimmt Maks König mit zur Schule und der folgt ihm gleich bis in die Klasse …

Da waren sie aber schon in der Schule angekommen, und Hannes dachte nicht weiter nach, nahm ihn in die Klasse mit.

Na, war das ein Jubel!

Jubel aus Gemeinheit, denn die Bande der Seicher wusste, was
40 dem Hannes von Birkenpappel blühen würde. Der würde ihn mit Begeisterung lehren, wie man Kieselsteine mit den Backenzähnen klein macht.

(…)

Und schon war Birkenpappel in der Klasse. Die Bande still wie
45 bei einer Beerdigung. Schadenfreude, Spannung, Feixen hinter den Pfoten. Birkenpappel hatte den Hund noch nicht gesehen, schaute herum, denn irgendetwas schien ihm nicht in Ordnung. Ruhe war in dieser Klasse ein schlechtes Zeichen. Oder vielmehr ein gutes, denn dann passierte immer irgendetwas, und je schlimmer er zu-
50 schlagen konnte, umso mehr freute sich Birkenpappel.

Jetzt hatte er den Hund entdeckt. Er wurde rot wie eine Wassermelone von innen und brüllte: „Wem gehört das Biest, vortreten!"

Hannes fürchtete sich heute zum ersten Mal weniger als früher und trat vor.

55 „Mir."

„Strooooohkopp!"

Es sah so aus, als würde Birkenpappel in Scherben zerspringen, was aber leider nicht geschah.

„Rauus – beide! Nein, Strohkopp bleibt hier, damit ich ihm bei-
60 bringe, wie man sich in der Schule benimmt."

Der Hund ging von allein hinaus und schaute Stachelschwein Birkenpappel noch einmal von der Seite und von oben bis unten an, so wie man einen armseligen, schäbigen Waschlappen anschaut. Machte sich die Tür allein auf und ging hinaus. Niemanden verachtet ein
65 starker Hund mehr als einen Hundsfott.

„Brrrpfui!"

Birkenpappel war ein Wicht, ein Wicht, ein Wicht, fünf zu null für Strohkopps Hund. Nur war für den Hannes dieser Tag so versaut wie schon lange keiner mehr. Birkenpappel peinigte ihn mit dum-
70 men Fragen, sein Notizbuch reichte nicht aus für die Idiotenzensu-

ren, sodass er noch eine Seite einlegen musste dort, wo Strohkopps Name eingetragen war.

Um zwölf war die Schule aus.

„Der Strohkopp und sein Pinscher, der Strohkopp und sein Pin-
75 scher", schrien die Seicher und stießen den Hannes von einem zum anderen herum und aus der Tür hinaus.

Dort war es dann mit einmal vorbei mit dem Gebrüll. Da stand nämlich ER und zeigte ihnen seine schönen, harten, weißen Zähne. Und knurrte auch. Nur wenig, aber das langte:
80 „Chrrrrkrrrrr …"

Da zogen sie aber ab!

Vorneweg der dicke Schleicher mit seinen verdammten offenen Turnschuhen. Einer versuchte, dem Hannes die Hand über die Schulter zu legen, wahrscheinlich wollte er sich bei dem Hund mit
85 den schönen, harten, weißen Zähnen schon einmal sicherheitshalber als angeblicher Freund bekannt machen.

Aber der Hund merkte, was der wollte, und knurrte noch etwas lauter:

„Chrrkrrrkrkrr."
90 Einen starken Hund kann keiner täuschen. Und schon gar kein Seicher. Hannes schob die Pfote des Elenden von seinem sauberen Hemd und ihn selbst weg. Dann ging er mit seinem Hund in Richtung Heimat.

Na, hör mal, Hannes. Du hast vielleicht Klassenkameraden. Die grinsen und …
…
Und dieser Lehrer Birkenpappel …
Wie der …

Ich stelle mir oft vor, die Schule wäre ganz anders. Mein Lehrer … Meine Klassenkameraden … Ich …

WAS HAT DEM HUND alles missfallen?
Vervollständigt seine Kritik.

KLAR, DASS HANNES von einer ganz anderen Schule träumt. Schreibt seine Wünsche auf.

VIELLEICHT möchtet ihr den Auftritt von Lehrer Birkenpappel spielen. Denkt daran, dass er Hannes mit dummen Fragen peinigt und jede Menge „Idiotenzensuren" in sein Notizbuch einträgt.

Das Leben in der Schule wurde zwar etwas erträglicher für Hannes,
95 aber er wusste genau: „Irgendetwas, irgendetwas brauchte er noch."
Und dann fiel ihm der Brief von seinem Onkel Jonas ein, der schon
lange im fernen Mexiko lebte.
   Onkel Jonas hatte geschrieben:

Lieber Hannes,
auf dem Foto sitzt neben mir Joao*,
ein Krieger und Magier.
Er redet mit Menschen in einem weit entfernten
Dorf ohne Telefon mit der Kraft des Geistes.
Er kann mit der Hand die Heilkraft von
Pflanzen erkennen und Krankheiten heilen.
Er kann seinen Geist an verschiedenen Orten
sein lassen...
Später schreibe ich dir mehr...
In Treue

dein Jonas

*Das spricht man etwa so aus wie „Scho-a-o",
wie das „J" in „Journal".

WAS HAT HANNES wohl beeindruckt?
   Welche Gedanken könnten ihm noch
   durch den Kopf gehen?

Joao könnte mir zeigen, wie …

Joao könnte mich vor den anderen …

Joao könnte mit Birkenpappel …

HANNES SCHREIBT einen Brief an Onkel Jonas.
– Zuerst schildert er, wie jeder Schultag
  für ihn abläuft.
– Dann teilt er dem Onkel mit, was er braucht.

Hannes trug den Brief an seinen geheimen Denk-Ort, ein Schaf-
100 stall hinter dem Dorf, und öffnete ihn vorsichtig mit seinem Ta-
schenmesser (Geschenk vom Großvater).
Sein Herz schlug bis an den Hemdenkragen.
Ein Zettel!
Und im Papier eingerollt ein Pulver.
105 Wow!
Auf dem Zettel stand:

HANNES MUSS SICH gedulden, bis der Vollmond
am Himmel steht.
– Welche Zweifel und Sorgen gehen ihm wohl
durch den Kopf?
– Welche Hoffnungen und Erwartungen keimen
in ihm?
Gut, dass er sich mit Maks König darüber
austauschen kann …

Maks König

Hannes

*Du machst mich ganz nervös
mit deinem Gezappel.
Was ist denn nur los?*

*Ausgerechnet jetzt
kommen Wolken auf!*

*Lieber Hannes,
alles verstanden, was du brauchst.
Erinnerst du dich noch an Joao, den Indio
aus unserem Dorf, der an verschiedenen
Orten sein kann?
Lege das Pulver bei Vollmond (er muss
ganz zu sehen sein) auf ein Stück Papier,
füge eine Eulenfeder bei und zünde es an.
Alles andere wirst du selber sehen,
ich muss schnell in den Dschungel.
In Treue*

dein Jonas

An dem Tag, als Vollmond war, hatte Hannes das Pulver auf ein
Stück dünnes Papier geschüttet, die Eulenfeder daraufgelegt, das
Papier zusammengefaltet, und dann wartete er am Fenster, bis der
110 Vollmond über die Baumwipfel stieg.
„Den Vollmond musst du *ganz* sehen."
Unter das Papier hatte er einen größeren Glasscherben gelegt,
damit das Fensterbrett nicht brannte. Und dann stand der Vollmond
groß über den Baumwipfeln.
115 Das Herz schlug wieder bis oben, der Kopf brannte ihm wie
Feuer, und dann zündete er das Papier an.

Es zischte ein wenig, und dann stank es.
Stinken Indianer?
„Indianer riechen wie Panther und Tiger."
120 Klar, genauso roch es ungefähr.
Schöner Geruch.
Hannes setzte sich auf sein Bett und schaute dem Rauch nach.
Und mit einem Mal ...
sah er da ...
125 in der Ecke einen blauen Schatten.
Oder war es ein Licht?
Ein Schattenlicht.
Der Federschmuck auf dem Kopf war zu erkennen, vier Federn,
das Zeichen der Krieger, Spurensucher und Späher. Ein Indianer.
130 „Hugh."
Der Indianer hatte „Hugh" gesagt. Das heißt: „Es ist so, wie es ist."
Also keine Phantasiegestalt, sondern eine echte. Wer „Hugh"
sagt, ist echt. Er stand dort in der Ecke, war aber durchsichtig.
Woran Hannes erkannte, dass er der Geist Joaos war.

135 „Du bist Joao, der Zauberer?", fragte Hannes.

„Hugh."

„Ein Krieger?"

„Ein Späher."

Ein Späher ist auch ein Krieger, und ein Krieger ist auch ein
140 Späher. Als er den Indio da stehen sah, veränderte sich mit einem
Mal etwas für Hannes.

Es war so, als ob zuvor in ihm ein leerer Raum gewesen sei. Von dem
er nicht wusste, was dorthin gehörte. Jetzt war dieser Indio da, und das
war so, als sei er selber dieser Indio, und der Raum war ausgefüllt.
145 Der Hund ging mitten durch den Indio durch. Als wäre der nicht
da. Was wohl deswegen so sein konnte, weil dieser Hund selbst aus
dem Zwischenreich kam. Da kann einer durch den anderen hindurchgehen, ist da und ist auch nicht da.

Der Hund legte sich unter das Bett, der Hannes legte sich schlafen
150 und schlief sofort ein. Als sei alles immer so gewesen. Und was morgen sein würde, war für den Hannes keine Frage.

„Morgen ist morgen."

EINE SPANNENDE Situation!
  Gestaltet den ersten Abschnitt durch euren Lesevortrag
  (Pausen – dann plötzlicher Einsatz verschiedener Stimmen –
  Stimme von weither – Flüstern ...).

HANNES SCHLÄFT nach diesem aufregenden
      Erlebnis sofort ein.
  – Schaut in den Text, woher diese Ruhe kommt.
  – Was ist mit ihm geschehen?

JOAO IST DA und doch nicht da.
      Malt oder gestaltet den Indianer so,
      wie Hannes ihn wahrgenommen hat:
      (Nass-in-Nass-Technik,
      mit Seidenpapier überkleben ...
      Wachsmalkreiden verreiben).

204

Sie gingen in die Schule, vorne der Hund, dann der Indianer und dann Hannes. Nur als sie in die Klasse kamen, schien es mit einem
155 Mal stiller zu sein als früher. Sie schauten alle den Strohkopp an. Er ging heute anders. Seine Linke hing neben der Hose nach Art der starken Männer, die Handfläche nach hinten, in der Rechten schwenkte er das Bündel mit den Büchern. Und er sah anders aus.

Er hatte den schmalen Blick eines Kriegers.
160 Der Hund war draußen geblieben und saß neben dem Tor, wie sonst auch. Der dicke Schleicher mit seinen verdammten offenen Turnschuhen stellte sich dem Hannes in den Weg – wie immer, nur flog er heute, ganz leicht von Strohkopps linkem Ellbogen geschoben, wie ein Federball gegen die Wand.
165 Wapp.

Sie hatten keine Zeit, dies zu bemerken, denn schon kam Birkenpappel herein – und noch drei Tage bis Ostern.

„Wir lernen ein weiteres Werk Deutscher Dichtkunst. Ich sage es auf, Strohkopp spricht es mir nach:

Der Frühling
Wenn im holden grünen Mai
Knospen sich erschließen,
will der Mensch sich froh und frei
in den Duft ergießen.

175 Strohkopp, sprich's nach!"

Und der Hannes sagte ohne Stottern, ohne Furcht, dass er ein Wort verwechseln könnte:

„Wenn im holden grünen Mai
sich die Knospen schließen,
wünscht der Mensch sich froh und frei,
den Frühling zu begießen."

Das war nicht genau, wie es sein sollte, aber Birkenpappel merkte es nicht, weil Hannes es ziemlich schnell und mit ausdrucksvoller Betonung vorgetragen hatte, so schnell, dass Birkenpappel nicht
185 ganz folgen konnte und ihn merkwürdig anschaute. Das hatte es noch nie gegeben, dass einer nach einmaligem Vortrag eine Dichtung sofort aufsagen konnte. Das war wie ein Überfall auf den Lehrerverstand. Er hatte die Fünf für Strohkopp schon eingeplant gehabt und sogar schon geschrieben.

190 Er strich sie wieder aus und sagte:
„Drei. Drei."
Und schüttelte verstört den Kopf.
„Wer war das noch?"
Er mochte es nicht glauben und meinte, sich verhört zu haben.
195 „Strohkopp."
„Hm, ja, Strohkopp, ach so."
Drei war freilich zu schlecht, er hätte eine gute Zwei dafür herge-
ben können. Für Strohkopp freilich die erste Drei in seinem Leben.
Hinter Birkenpappel stand der Indio, und Birkenpappel ging
200 merkwürdigerweise nie durch ihn hindurch. Sah er ihn?
Wohl nicht. Vielleicht war es ihm nur unbehaglich an dieser Stel-
le, und er umging sie lieber.
In der nächsten Stunde wurde gemalt.
Strohkopp hatte zwei Zeichenblätter. Birkenpappel sagte:
205 „Wir malen eine Osterlandschaft und wollen sie unseren Eltern
schenken."
Und da saß dann der Hannes. Wenn er danebenmalt, ist erst einmal ein Blatt verloren. Wenn ihm die Farben ineinander laufen, ist
es auch nicht besser. Und da saß er vor dem schönen neuen Blatt
210 und fürchtete sich. Er schaute auf Joao, den Indianer, neben der
Tafel. Der kam und sagte:
„Ein Krieger fürchtet sich auch nicht vor einem Blatt Papier.
Male einen Berg. Wo du ihn malst, genau dort ist er richtig. Und
wenn du ihn daneben malst, dann ist er *dort* richtig. Es ist egal, *wo*
215 er gemalt wird; jede Stelle ist für ihn richtig."
Hannes malte ohne Furcht einen Berg. Blau. *War richtig.*
„Und nun einen Fluss. Es ist egal, ob er breit oder schmal ist,
denn ein Fluss ist einmal breit, einmal schmal."
Hannes malte einen Fluss. Grünlichblau. *War wieder richtig.*
220 „Die Bäume", sagte Joao, „groß oder klein, es ist *immer* so richtig,
wie du sie malst."
Und der Hannes malte heute das schönste Bild seines bisherigen
Lebens. Ein echtes Kunstwerk. Dann noch eine Landschaft.
„Eine Wiese. Es ist ohne Bedeutung, wie groß du sie malst. Wie
225 du es malst, so ist es richtig, es gibt große und kleine Wiesen."
Dann die Bäume, eine Wolke, Blumen.
Und Birkenpappel kam zu Strohkopp, setzte sich auf einen Stuhl
und schaute ihn an.

„Der Strohkopp.“

230 Er schaute ihn länger an und schüttelte den Kopf. Er hatte ihn ja
noch nie richtig angesehen. Der Hannes hatte jetzt Gelegenheit, den
Birkenpappel auch zum ersten Mal genau aus der Nähe zu sehen.
Hatte der Birkenpappel den Blick des Spähers? Er schaute ihn so
schmal an.

235 War Birkenpappel einer von ihnen? Ein Indianer, und keiner hatte
es bisher gemerkt? Oder stand er nur unter dem Befehl Joaos?
Birkenpappel dachte:
„Wie schaut denn dieser Strohkopp auf einmal in die Welt?“
Er berührte ihn leicht an der Schulter, zum ersten Mal, seit sie zu-

240 sammen in der Klasse waren.
So wie man einen Freund berührt, und Hannes hatte nichts dagegen. Dann ging er bis zum Schulschluss merkwürdig in der Klasse
herum, hin und her, hin und her – die Hände hinter dem Rücken und
schüttelte manchmal den Kopf. Um den Indianer machte er immer

245 wieder einen Bogen, sodass man glauben musste, dass er ihn sah
oder wenigstens achtete und nicht durch ihn hindurchgehen wollte.
Was geschah hier mit Birkenpappel?
Heute war der letzte Schultag vor Ostern gewesen. Birkenpappel
sagte noch einmal:

250 „Strohkopp“, und nickte.
„Strohkopp.“
Danach war der Unterricht vorbei.
Die Osterferien begannen.

DIESER SCHULMORGEN verläuft
von Anfang an ganz anders als
sonst …
Für die Mitschüler und für Lehrer
Birkenpappel hat Hannes sich
verwandelt – und das nicht nur
äußerlich.

Birkenpappel

Kollegin

Also, Frau Kollegin, der Strohkopp,
was ich mit dem heute Morgen erlebt habe.

Strohkopp?
Kann ich mir denken. Nie bei der Sache, träumt …

NUN WERDEN SICH die Kollegen aber wundern!
– Birkenpappel schildert den Verlauf der Stunden.
– Spielt diese Szene.

AUCH HANNES hat diesen Schultag
ganz anders als sonst erlebt.
Am Nachmittag liegt er im Wald
und schickt seine Gedanken zu
Onkel Jonas.
Ihr wisst ja, unter Spähern
funktioniert das wie im Brief!

Es hat geklappt, Onkel Jonas.
1000 Dank!
Du hast mich gerettet.
Joao ist bei mir. Er ist heute Morgen
mit zur Schule gegangen und alles
war ganz anders als sonst.
Als ich hereinkam …

SETZT DEN TEXT mit
Hannes' Gedanken fort.

Und dann gab es Osterferien …

Schon am ersten Tag wartete der Hund vor dem Haus, und sie
255 stiefelten los. Vorn der Hund, dann der Indio und dann Hannes.
„Ein Späher muss nicht weit weg fahren. Für einen Späher ist
ganz nahe weit und weit ganz nahe", hörte der Hannes jemanden
sagen. War es der Indio gewesen oder Jonas?
Manchmal war es ihm, als sei Joao und Jonas der gleiche.
260 Was der eine sagte, konnte genauso gut der andere gesagt haben.
„Weit ist ganz nahe. Wärest du dort, wo jetzt ,weit' ist, dann wäre
,weit' wieder ganz woanders, und so kämest du nie dorthin, wo
,weit' sein soll. Aber ganz nahe ist von weitem gesehen weit, also ist
weit nah, und nah ist weit."
265 „Versteh' ich", sagte der Hannes, „ziemlich genau."
Er hatte bisher in allen Ferien etwas gelernt. Einmal war sein
Vater mit ihm zum Teich gegangen und hatte ihn das Graspfeifen-

machen gelehrt. Dann war er bei dem alten Mann am Teich gewesen, der ihn die Fische sehen lehrte. Das Spurensuchen war seine
270 Leidenschaft. Vogelspuren, Mausespuren im Sand. Einmal war er einem Fischotter gefolgt. Ein großes Ereignis.

Sie gingen einen Abhang hinunter.

„Du musst den lautlosen Gang des Spähers lernen. Der Späher geht *immer* so, dass ihn niemand bemerkt."

275 Hannes übte den Gang des Spähers, trat auf keinen Zweig; Vögel, an denen sie vorbeikamen, flogen nicht weg; ein Hase blieb sitzen.

Dann konnte er gehen wie ein Späher.

„Könnte ich auch unsichtbar werden?"

Er redete mit Joao, ohne laut zu reden, so wie er zuvor auch mit
280 Jonas geredet hatte: innen in sich.

„Ein Späher verhält sich immer so, dass ihn niemand bemerkt. Er fällt nicht auf, macht keinen Lärm und redet nur, wenn es sein muss. Dann vergessen dich die anderen, und wen sie vergessen, den sehen sie auch nicht. – Nur Späher sehen einander immer und erkennen sich."

285 „Woran?"

„An den Augen."

„Sehen Späher alles?"

„Alles."

„Das werde ich lernen", sagte der Hannes und gab den Befehl
290 weiter an seinen Kopf, dass ab jetzt alle seine Handlungen so sein sollten, dass ihn keiner bemerken würde.

(...)

Die sieben Ferientage vergingen wie eine Sekunde.

Die Ewigkeit oder eine Sekunde – kein Unterschied.

295 Joao lehrte den Hannes die Kraft und die Furchtlosigkeit.

„Du musst die Muskeln trainieren. Den schwächeren Arm mehr als den starken."

Hannes war Rechtshänder, der rechte Arm war also etwas stärker. Er trainierte den rechten Arm und den linken etwas mehr. Er hob
300 Steine mit ausgestrecktem Arm. Erst kleinere, dann größere, erst zehnmal heben, dann zwanzigmal.

„Wer denkt, er ist stark, der *ist* auch stark. Aber er muss es so denken, dass er es *weiß*. Der Krieger handelt so, als sei er grenzenlos stark."

Das prägte sich der Hannes genau ein. Wenn die Ferien vorbei
305 sind, werden wir sehen, ob es funktioniert!

Nach sieben Tagen also fing die Schule wieder an.

HANNES bedauert es überhaupt nicht,
in den Ferien zu Hause zu bleiben.
Er hatte bisher in allen Ferien etwas gelernt.
In den Ferien LERNEN???
Was meint **ihr** dazu?

JOAO lehrt Hannes alles, was ein Späher und
Krieger wissen und beherrschen muss ...

HANNES ist ein aufmerksamer Schüler.
Zur Sicherheit schreibt er alle
Weisheiten und Regeln auf, die Joao
ihm mitgeteilt hat.

Ein Späher muss nicht weit wegfahren.
Für einen Späher ist ganz nahe ≙ weit
weit ≙ ganz nahe

Ein Späher geht so, dass ...

EINIGES muss Hannes sicherlich noch einmal überdenken ...
Was haltet **ihr** für besonders wichtig von dem,
was Hannes nun gelernt hat?

WIE KÖNNTE der erste Schultag **nach** den Ferien verlaufen sein?
Erzählt oder schreibt nun selbst dieses Kapitel.

(…)
In Dümpelteich wohnte einer, das war ein gewisser Herr Schlaminski
mit Namen; ihm gehörte die Kneipe im Ort. Schlecht und recht ein
310 Mann wie alle dort, sieht nix, hört nix, weiß nix. Nur behauptete er
von sich, er sei ein Vogelliebhaber. Vogelnarr hörte er gern, so sollte
man ihn nennen. Und er fing sich im Wald mit Leimruten und Vo-
gelfallen unendlich viele Vögel. Zeisige, Finken, Dompfaffen. Einmal eine Elster, dann wieder etliche Amseln. Die steckte er in Käfi-
315 ge, mal in kleine, mal in große. Manchmal zwölf Zeisige in einen
kleinen, den deckte er mit einem Tuch ab, damit kein Licht hereinkam.

„Dann werden sie zahm", sagte er.

In Wirklichkeit war das so, dass über die Hälfte starb; diejenigen,
320 die übrig blieben, vergaßen die Weite des Waldes und stellten sich
darauf ein, dass der Käfig ihr Lebensraum war.

Das Vögelfangen war verboten, aber der einzige Polizist in Dümpelteich war ein Saufkumpan von dem Herrn Schlaminski, und so
trieb der Halunke dieses üble Geschäft schon seit Jahren. Die Käfige
325 waren hinter dem Haus. Manche von den Vögeln, die sich an die
Gefangenschaft gewöhnt hatten, sangen sogar.

Nun ging eines Tages Joao gegen Abend los, das erste Mal von
allein, und winkte dem Hannes mit dem Kopf. Der Hannes folgte
ihm, der Hund kam mit, und der Indio führte den Hannes zu
330 Schlaminskis Haus. Schlaminski war heute fort, die Kneipe geschlossen, Ruhetag, und so war dort niemand zu Haus.

Es muss nicht gesagt werden, was dann geschah.

NATÜRLICH NICHT –
das könnt ihr selbst erzählen!

STELLT EUCH NUN aber vor, dass diese Aktion
nicht ungestört verläuft.
Was könnte hier alles passieren?

DENKT EUCH spannende Situationen aus
und erprobt im Spiel, wie Hannes
aus der Klemme herauskommt.
Er hat ja viel von Joao gelernt!

Das Leben in der Schule ist ganz anders geworden.
Hannes hat keine Angst mehr, er wird von allen
respektiert – auch von Lehrer Birkenpappel, der
eigentlich Hans Baum heißt. Eines Tages malt die
Klasse auf den Vorschlag von Hannes einen Indianer.

Baum war das recht, den anderen noch mehr, denn einen Indianer malt jeder gern. Ein Indianer ist bunt, leicht zu malen, und fast
335 jeder wäre gern selbst einer.

Sie legten mit Begeisterung los, Baum schaute aus dem Fenster,
und der Hannes malte. Er malte Joao. Viel Blau. Und malte den
Kopfschmuck des Kriegers – vier Federn.

211

„Die Maler schreiben ihre Namen unten auf das Bild“, sagte
340 Baum und sammelte die Kunstwerke ein. Seit Baum keine Fünfer
und Sechser mehr vergab, waren da viel mehr gute Maler in der
Klasse.

Weil sie keine Furcht mehr hatten, weder vor dem Papier noch
vor Baum.

345 Er sah sich die Blätter an und grinste dann:

„Der Strohkopp. Der Strohkopp hat einen *unsichtbaren* Indianer
gemalt. Was für ein schlauer Bursche!“

Dann hielt er das Blatt hoch, unten stand „Hannes Strohkopp“,
ansonsten war das Blatt leer.

350 „Fatal“, dachte der Hannes, „er kennt Joao.“

Er hatte sein Geheimnis immer eisern für sich behalten. Wenn
Baum das sagte, dann konnte er Joao sehen.

„Einen Unsichtbaren kann man nicht malen, unsichtbar ist unsichtbar.“

355 Das war wohl Jonas, der das sagte.

„Nicht dumm, Leute, nicht dumm“, sagte Baum und nickte. „Wer
möchte nicht so einen unsichtbaren Indianer zum Freund! Ich jedenfalls wünschte mir schon Zeit meines Lebens so einen.“

Er erzählte dann, wie er als Junge in der Schule sehr klein gewe-
360 sen sei. Die Schule sei ihm ein Marterpfahl gewesen. Und er habe
sich immer so einen unsichtbaren Freund gewünscht, der ihm half.
Sie hätten damals einen elenden Lehrer gehabt, der ihnen das Leben
zur Hölle gemacht hatte ...

Die Klassenbande griente.

365 Und er selber, Hannes Baum, wäre herumgeprügelt und gepei-
nigt worden. Aber leider, leider habe er keinen solchen Indianer gefunden. Er guckte Strohkopp an, und der war sich jetzt sicher: Baum
konnte Joao sehen.

„Wenn es so ist, dann ist es gut. Und wenn es anders ist, ist es
370 auch in Ordnung.“

Der Hannes hatte viel gelernt in diesem Sommer.

Und Baum noch mehr, verdammt noch mehr.

Und die anderen in der Klasse?

UND DIE ANDEREN in der Klasse?
Was meint **ihr**?

DIE MITSCHÜLER stehen in der Pause zusammen.
Worüber werden sie sich unterhalten?

HANNES, MAKS KÖNIG und der Indianer gehen nach Hause.
Welche Gedanken tauschen sie aus?

LEHRER BIRKENPAPPEL trifft abends einen Freund.
Was wird er ihm erzählen?

Und so endet das Buch:

Hannes hatte sich an den Indio so sehr gewöhnt, dass er vergaß,
375 ihn zu sehen. Aber eines Tages, als er aufwachte und neben das Fenster schaute, war Joao weg.
War das ein Schreck?
Nein, es war kein Schreck.
Da schrieb der Hannes an Jonas und erzählte alles genau, wie es
380 gewesen war.
… Was mache ich, wenn ich ihn wieder brauche? …
Dein Freund Hannes.
Die Zeit verging nicht so langsam wie beim letzten Brief, denn
der Hannes hatte es gelernt zu warten. Ein Krieger hat es nicht eilig.
385 Wenn er es eilig hat, soll er sich hinsetzen und nicht weitergehen.

WARUM bedeutet das Verschwinden Joaos
keinen Schreck für Hannes?

NACH EINIGER ZEIT bekommt Hannes
Antwort von Onkel Jonas …

Lieber Hannes,
du brauchst Joao nicht mehr.
Du bist selber ein Indianer geworden.
DU BIST EIN INDIANER, HANNES.
Fürchte dich nie und vor nichts.
Und übe immer die Kraft.
Wenn du mich brauchst, sage es mir.

Hugh, dein alter Jonas

Baum las nun oft Geschichten aus Mexiko und fernen Ländern
vor und hatte die Augen des Spähers.
War das ein Zufall?
Es war kein Zufall.
390 Alles war so, wie es sein musste, und dieses Jahr war für sie alle
ein wunderbarer Indianersommer gewesen.
Hugh.

PHANTASTISCHE BEGEGNUNGEN

IN DIESEM KAPITEL erwarten euch phantastische Texte, in denen Tiere und Menschen einander begegnen, Kontakte knüpfen, ungewöhnliche Beziehungen zueinander entwickeln und die Grenzen ihres Reiches überschreiten können.

DARÜBER HINAUS findet ihr verschiedene Bilder, in denen ungewöhnliche Begegnungen zwischen Tieren und Menschen stattfinden.
Diese Bilder laden euch ein in sie hineinzukrabbeln, sie zu erforschen, sie mit Leben zu füllen, sie weiterzuspinnen.
Eure Geschichten könnt ihr erzählen oder aufschreiben und in schön gestalteten Mappen sammeln.

Die Einladung

Sommer im Garten. Unter dem Birnbaum blinkten die Insekten. Sie summten, ich summte mit. Ich stützte eine Malve mit einem Stecken, zupfte etwas Unkraut, tat dies und das und zwischendurch nichts.

Da sprach eine Biene mich an: Heute hat unsere Königin Hochzeit, sagte sie. Wir suchen einen Brautführer, mein Volk und ich. Nun ist die Wahl auf dich gefallen.

Ich rieb mir die trockenen Erdkrusten von den Fingern. Danke, sagte ich. Und was soll ich anziehen?

Flügel, sagte die Biene.

Jürg Schubiger

UND WENN **du** im Garten gewesen wärest …?
Folge der Einladung und spinne einfach weiter.

WOHER KOMMEN denn nun die Flügel?
Und das Geschenk?

ERZÄHLT von der Feier:
– Wo findet die Hochzeit statt?
– Welche Gäste sind geladen?

Klaus Steffens

216

Ein Fisch sein

Hanna steht am Fenster. Es regnet. Der Regen rinnt die Scheibe hinab, unaufhörlich, endlos. Schön ist das. Hanna gefällt es. Draußen ist es neblig und grau. Verschwommen sind die Konturen der Bäume, und die Lichter in der Ferne leuchten gelblich und
5 matt.

„Hanna", sagt Dietz, „spiel doch mit mir."

„Nein", sagt Hanna. „Ich mag jetzt nicht. Lass mich." Dietz ist ihr kleiner Bruder. Er fällt ihr auf die Nerven. Immer will er was. Hanna starrt hinaus. Nebelwelt, Wasserwelt. Ringsum ist es still.
10 Als wären alle Geräusche ertrunken, denkt Hanna. Das Wasser hat die Welt zugeflutet, das Land, die Stadt, die Straße, das Haus, dieses Zimmer. Ich bin ein Fisch in einem Aquarium.

„Hanna", ruft Dietz, „bei dem roten Auto ist ein Rad ab! Kannst du das wieder dranmachen?"
15 „Nein", sagt Hanna. „Jetzt lass mich endlich in Ruhe!" Sie braucht ein paar Minuten, bis sie wieder ein Fisch geworden ist. Weich, flink, geschmeidig. Taucht hinab, immer tiefer hinab auf den Grund, wo es leuchtende Muscheln gibt, glitzernden Sand und Korallen.
20 Stille – nur ein Klang ist da. Es mag das Geläut einer fernen Glocke sein. Vielleicht ist es aber auch einfach das Lied des Wassers, das nur die Fische hören können.

„Hanna", dringt da die Stimme aus der anderen Welt ein, die Stimme von Dietz, quengelig, fordernd. „Hanna, das gelbe Auto ist
25 auch kaputt."

„Dietz", sagt Hanna, „wenn du mich jetzt nicht in Ruhe lässt, werde ich nie wieder mit dir spielen. Im ganzen Leben nie wieder. Hast du verstanden?"

Ein Fisch. Ich bin ein Fisch, denkt sie. Ich will wieder ein Fisch
30 sein. Drückt ihre Nase gegen das Fenster, die Fischnase gegen das Glas des Aquariums, lässt sich sinken, tief, tief. Spürt die Beweglichkeit ihrer Flossen, und das Wasser, das sie trägt, so weich und doch so fest. Stille zwischen den Muscheln, Stille über dem Sand, Stille zwischen den Korallen, endlos. Nur der Hall der fernen Glocke, der
35 sich nicht verändert. Hanna ist ein Fisch, der sich in der Stille wiegt, wiegt und wiegt, Stunden und Tage, wiegt und wiegt.

Nichts verändert sich je. Selbst die kleine Säule der Luftblasen, die vor dem Fischmaul aufsteigt, bleibt immer gleich. Hanna ist ein Fisch. Ein einsamer Fisch in einem Aquarium. Hebt sich ein wenig,
40 lässt sich hinabsinken, weiter nichts.

Ein einsamer Fisch. Ein einsamer, trauriger Fisch. Nichts als die Welt im Dämmerlicht, in der Lautlosigkeit, nichts als Wasser ringsum.

Nein, denkt Hanna, Fische können nicht weinen. Oder doch?
45 „Dietz", ruft sie. Es klingt ganz erstickt, so unter Wasser ausgesprochen. „Dietz?"

„Ja?", sagt Dietz mit einer sehr kleinen Stimme.

Hanna taucht auf, schnell. Die Aquariumwand wird wieder ein Fenster, an dem das Wasser hinabrinnt. Auf dem Boden des Zim-
50 mers hockt Dietz, der kleine Dietz, und heult. Auf einmal ist es toll, dass es ihn gibt.

„Dietz", sagt Hanna, „hör auf. Bitte, hör auf und lass uns was spielen."

Gina Ruck-Pauquèt

HANNA ERLEBT ZUNÄCHST wohlig das Gefühl,
   ein Fisch in der Wasserwelt zu sein.
   Spürt ihren Empfindungen und Eindrücken nach.

IHR KÖNNT Hannas Empfindungen in einem Bild
   zum Ausdruck bringen:
– Vielleicht möchtet ihr dazu farbiges Papier verwenden?
– Oder ihr behandelt einen Bogen Papier in der
   Nass-in-Nass-Technik.
– Erprobt auch verschiedene **Schriften**.

Ich bin ein Fisch …
lasse mich sinken

tief

tief

…

…

Stille

zwischen den Muscheln
den Korallen

Ich bin ein Fisch …
der sich in der Stille

wiegt   wiegt
wiegt   wiegt   wiegt   wiegt

HANNAS STIMMUNG im Wasserreich erfährt
langsam einen Umschwung.
Verfolgt diesen Wechsel vom Beginn bis zu
Hannas „Auftauchen" im Zimmer.

OB HANNA am selben Tag noch einmal versucht
in die Wasserwelt einzutauchen?
Begründet.

WOHIN DIESE BEIDEN
wohl gehen?
– Ob sie einander
schon lange kennen?
– Wie werden sie sich
verständigen?

Friedrich Hechelmann

220

Der Adler

Es war einmal ein Kind. Das ist eines Tages in den Wald gegangen.
Der war ziemlich weit weg, und es musste ganz schön lange laufen.
Als es endlich im Wald angekommen war, da ist es dort ganz allein
gewesen, aber es hat keine Angst gehabt. Es ist durch den Wald hin-
durchgelaufen, und mittendrin hat es eine Frau getroffen mit einem
Hund, den es streicheln durfte.

Auf der anderen Seite des Waldes war eine große Wiese, und um
die Wiese war ein Zaun. Und auf dem Zaun saß ein großer Vogel.
Ganz unbeweglich und still. Doch dann hat der Vogel seine Flügel
ausgebreitet und ist weggeflogen.

Da ist das Kind durch den Wald zurück nach Hause gelaufen, den
ganzen Weg gerannt, und zu Hause hat es gerufen: Mutti, Mutti, ich
habe einen richtigen Adler gesehen. Wirklich, einen richtigen Adler. So
große Flügel hat er gehabt. Das Kind breitet die Arme aus. Und beinahe hätte er mich mitgenommen, und ich wäre mit ihm fortgeflogen.

Da sagt die Mutter: Wo warst du so lange? Was hast du bloß die
ganze Zeit gemacht? Was wir uns für Sorgen gemacht haben, das kümmert dich wohl gar nicht. Ab mit dir, wasch dich und dann ins Bett.

Da hat das Kind die Arme zugeklappt und hat sich umgedreht
und ist losgegangen in den Wald. Und dann ist es durch den ganzen
Wald hindurchgegangen. Und obwohl es schon dunkel war, hatte es
keine Angst. Und auf der anderen Seite des Waldes saß der Vogel
auf dem Zaun und wartete. Und das Kind ist erst auf den Zaun
geklettert und dann auf den Rücken des Vogels, und dann sind sie
zusammen weggeflogen.

Cordula Tollmien

ES WAR EINMAL ...
  Diese Geschichte ein Märchen?
  Was meint **ihr**?

WELCHE MEINUNG habt ihr zur Reaktion
  der Mutter?
  Erprobt in kurzen Rollenspielen, wie **ihr euch**
  das Gespräch zwischen ihr und dem Mädchen
  gewünscht hättet.

UND WOHIN sie wohl geflogen sind,
  die beiden, und was sie alles erlebt
  haben ...:
  Das könnt ihr nun erzählen,
  aufschreiben oder malen.
  Vielleicht entsteht ein Buch
  aus euren Texten?

Der Hund

Das Kind kam auf die Welt. Alles war gut, alle waren glücklich, alle waren zufrieden, auch der Hund. Er saß neben der Wiege und bewachte das Kind. Das Kind gedieh prächtig und war gesund. Der Hund saß Tag und Nacht neben ihm und leckte seine Hand.

5   Schon bald bellte das Kind mit dem Hund um die Wette. Die menschliche Sprache aber lernte es nicht. Da nützte kein Schimpfen, kein Drohen und kein Flehen – bellen konnte das Kind wunderschön.

    Auf allen vieren lief es so schnell wie der Hund. Es streunte mit
10 ihm durch Wälder und an den Flüssen entlang. Der Hund lehrte es, Fährten am Boden zu deuten, er lehrte es, fürchterlich die Zähne zu fletschen, und er lehrte es, Tiere zu jagen im Wald.

    Bald bist du einer von uns, sagte der Hund zu seinem kleinen Freund. Dann verlassen wir dieses Haus und kehren nie mehr
15 zurück.

    Doch bevor es so weit war, wurde das Kind eingesperrt. Der Hund saß neben seinem Käfig. Er bewachte das Kind Tag und Nacht und leckte seine Hand.

    Eines Tages, als das Kind am Morgen erwachte, war der Hund
20 nicht mehr da. Das Kind winselte in seinem Käfig, lange konnte es sich nicht beruhigen. Nach vielen Tagen erst war es endlich still.

    Die Eltern näherten sich dem Käfig auf Zehenspitzen. Sag Vater, sagte der Vater. Sag Mutter, sagte die Mutter, wie schon so viele
25 Male zuvor. Und jetzt plötzlich sprach das Kind. Es sagte Vater, es sagte Mutter. Es formte kleine Sätzchen. Die Eltern waren begeistert und seufzten tief vor Erleichterung.

Als das Kind schön sprechen konnte und sich auch in der Nacht
ruhig verhielt, holten es die Eltern aus dem Käfig heraus. Es lernte
30 auf zwei Beinen gehen, es lernte am Tisch essen, mit Messer und
Gabel, es lernte danke sagen und bitte schön. Es war nun ein richti-
ges Kind. Die Eltern freuten sich. Sie setzten das Kind hinten ins
Auto und führten es überall hin. Sie zeigten ihm die Straßen, sie
zeigten ihm die Häuser, sie zeigten ihm die ganze Stadt, die Wiesen,
35 die Wälder und den Fluss.

Das Kind wurde zur Schule geschickt. Es sollte lesen lernen, es
sollte schreiben lernen und lernen, artig zu sein. Es malte voll Eifer
das A und das B, das C und das D in sein liniertes Heft hinein.

A wie Anker, sagte die Lehrerin.
40 Anker, sagten die Schüler im Chor.
B wie Berg, sagte die Lehrerin.
Berg, sagten die Schüler im Chor.
C wie Clara, sagte die Lehrerin.
Clara, sagten die Schüler im Chor.
45 D wie Dackel, sagte die Lehrerin.
Dackel, sagten die Schüler im Chor.
Dackel? Was, bitte schön, ist ein Dackel, fragte das Kind.
Die Schüler lachten.
Ein Dackel ist ein Hund, sagte die Lehrerin.
50 Hund, wiederholte das Kind.
Hund, flüsterte das Kind, es erwachte aus seinem Traum.
Hund, schrie das Kind, es warf seine Schulbank um. Hund, rief es,
Hund, Hund und immer wieder Hund. Es sah ihn wieder, den
schwarzen Hund. Es hatte ihn endlich wiedergefunden.

Brigitte Schär

DER HUND lehrt das Kind,
seine Welt kennen zu lernen ...

DIE ELTERN und die Lehrerin lehren es
ganz andere Dinge,
die **sie** für lebenswichtig halten ...

Der Hund	Eltern und Lehrerin
Das Kind bellte wie ein Hund.	„Sag Vater", sagte der Vater. „Sag Mutter", sagte die Mutter.
Das Kind lief auf allen vieren.	Das Kind lernte danke sagen und bitte schön.
…	…

„HUND", flüsterte das Kind.
    Ein aufregender und entscheidender Moment
    für das Kind …
    Was mag es fühlen?

WIE VERSTEHT **ihr** den Schluss der Geschichte?

VIELLEICHT BESCHÄFTIGT EUCH diese Geschichte über das
    Ende des Textes hinaus …
– Wie würdet **ihr** die Geschichte weiterführen?
    Ihr habt dazu sicher ganz unterschiedliche Vorschläge.
– Schreibt eure Ideen auf.
    Das wird eine interessante und spannende Vorlesestunde.

Nikolaus Heidelbach

225

LASST EUCH den folgenden Text vorlesen!
(Augen dabei schließen!)

Rechenstunde

Zwei und zwei sind vier
Vier und vier sind acht
Acht und acht sind sechzehn
Wiederholen! sagt der Lehrer
5 Zwei und zwei sind vier
Vier und vier sind acht
Acht und acht sind sechzehn
Aber da fliegt der Wundervogel
Am Himmel vorbei
10 Das Kind sieht ihn
Das Kind hört ihn
Das Kind ruft ihn
Rette mich
Spiel mit mir
15 Vogel!
Da schwebt der Vogel nieder
Und spielt mit dem Kind
Zwei und zwei sind vier …
Wiederholen! sagt der Lehrer
20 Und das Kind spielt
Der Vogel spielt mit ihm
Vier und vier sind acht
Acht und acht sind sechzehn
Und wie viel sind sechzehn und sechzehn?
25 Sechzehn und sechzehn sind nichts
Und erst recht nicht zweiunddreißig
Denn das gibt ja keinen Sinn
Also schwinden sie dahin
Und das Kind hat den Vogel
30 In seinem Pult versteckt

Und alle Kinder
Hören sein Lied
Und alle Kinder
Hören die Musik
35 Und nun verschwinden auch die Acht und Acht
Und die Vier und Vier und die Zwei und Zwei
Trollen sich
Und eins und eins sind weder eins noch zwei
Eins ums andre ziehn sie ab
40 Und der Wundervogel spielt
Und das Kind singt
Und der Lehrer schreit:
Wann hört ihr endlich mit dem Unsinn auf?
Aber alle Kinder
45 Horchen auf die Musik
Und die Wände des Klassenzimmers
Sinken friedlich ein
Und die Fensterscheiben werden wieder Sand
Die Tinte wird wieder Wasser
50 Die Pulte werden wieder Bäume
Die Kreide wird wieder Felsen
Der Federhalter wird wieder Vogel.

Jacques Prévert

HIER könnt ihr experimentieren:
– Zerschneidet eine Kopie und
  klebt die Teile so zusammen,
  dass ein Bild entsteht, das deutlich macht, was hier geschieht.
– Vergleicht eure Vorschläge.

WAS HALTET ihr von **diesem** Vorschlag?
Möchtet ihr ihn zu Ende führen?

Rechenstunde

Zwei und zwei sind vier
Vier und vier sind acht
Acht und acht sind sechzehn
Wiederholen! sagt der Lehrer
Zwei und zwei sind vier
Vier und vier sind acht
Acht und acht sind sechzehn

Aber da fliegt der Wundervogel
Am Himmel vorbei
Das Kind sieht ihn
Das Kind hört ihn
Das Kind ruft ihn
Rette mich
Spiel mit mir
Vogel!
Da schwebt der Vogel nieder
Und spielt mit dem Kind

Zwei und zwei sind vier …
Wiederholen! sagt der Lehrer

Und das Kind spielt
Der Vogel spielt mit ihm

Vier und vier sind acht
Acht und acht sind sechzehn
Und wie viel sind sechzehn und sechzehn?

Sechzehn und sechzehn sind nichts
Und erst recht nicht zweiunddreißig
Denn das gibt ja keinen Sinn
Also schwinden sie dahin
Und das Kind …

LEST DEN TEXT (in neuer Gestaltung) mit verteilten Rollen.
Markiert vorher sorgfältig die Zeilen.

WIE VERFAHRT IHR mit dem zweimaligen *sagt der Lehrer* in Zeile 4 und 19:
- Soll es gelesen werden – von wem, wie?
- Wollt ihr es eventuell streichen oder ...? Erprobt verschiedene Möglichkeiten.
- Wie lange mag der Zauber des Vogels wirken?

IHR KÖNNT den Schluss des Gedichtes nun als Film „rückwärts spulen" und so in die Wirklichkeit zurückführen.
- Überlegt, wie weit ihr „zurückspulen" wollt und ob sich der Lehrer bzw. die Schüler/Schülerinnen etwas anders verhalten sollen.
- Natürlich könnt ihr auch manche Zeilen ganz einfach entfallen lassen.

Und der Vogel wird wieder Federhalter
...
Und die Musik wird leiser
...
Und die Zwei und Zwei und Vier und Vier
Und die Acht und Acht sind auch wieder da

Bären in unseren Betten

(Und wie wir sie daraus entfernt haben)

Heute zeichnen wir Bären, sagte Papa.

Sogleich holte ich Bleistifte und Papier. Jeder beschaffte sich eine Unterlage und setzte sich mit gekreuzten Beinen, den Bleistift fest in der Hand haltend. Vor dem ersten Strich überlegten wir lange und
5 kauten am ungespitzten Ende des Bleistifts.

Vorsichtig, mit ganz feiner Linie, zeichnete ich den Umriß eines großen Bären. Papa war schon fertig. Sein Bär sah aus wie ein Huhn.

Die anderen – meine Brüder und Schwestern – zeichneten ganz
10 kleine Bären. Sorgfältig überlegte ich die nächsten Striche und schmeckte schon ganz deutlich den Geschmack des Bleistiftholzes auf meiner Zunge. Mein Bär wurde eine Bärin. Gleich nach dem letzten Strich sagte sie: „Ich bin hungrig!"

Papa radierte die Federn von seinem Bären weg, schrieb mit
15 schöner Schrift *Gerupftes Huhn* darunter und überreichte es meiner hungrigen Bärin.

Die kleinen Bären meiner Geschwister sahen der Bärin, welche ihre Mutter hätte sein können, aufmerksam zu, wie sie das Huhn fraß.
20 Schnell zeichneten wir alle noch je ein kleines Huhn. Die Federn ließen wir weg. Geduldig sah die Bärin zu, wie die Kleinen die Hühnerknochen abnagten.

Zwei Hühner blieben übrig. Die kochte unsere Mutter, die gerade mit einer Tasche voll Gemüse und einem Paket Suppennudeln nach
25 Hause gekommen war.

Die Bären wurden nach dem Essen ganz faul und legten sich in unsere Betten. Die Bärin brummte im Schlaf.

Da es eine Weile dauerte, bis die Hühner gekocht waren, vertrieben wir uns weiterhin die Zeit mit Zeichnen. Große Wälder mit
30 hohen Bäumen und dazwischen niederes Gebüsch zeichneten wir. Flüsse und Seen mit Fischen und Enten. In einem See spiegelte sich ein schneebedeckter Berg, der wegen seiner Größe sonst nirgends Platz hatte. Auch Tiere, die wie Kühe aussahen. Papa sagte, es seien wilde Büffel. Blumen und Bienen zeichneten wir – wegen dem

₃₅ Honig. Und einen hohlen Baum. Veronika war ganz schlau, sie zeichnete den Eingang einer Höhle. Eine Bärenhöhle, sagte sie. Gabriel zeichnete einen Hubschrauber. Papa sagte, er solle lieber einen Adler daraus machen. Da aber rief schon unsere Mutter zum Essen, und wir mußten uns alle die Hände waschen.

₄₀ Jeder bekam einen Teller Suppe mit Nudeln, Hühnerfleisch und Gemüse darin. Als wir alle noch einen zweiten Teller aßen, wachten vom Schlürfen und dem Geklapper unserer Löffel die Bären auf. Verwundert sahen sie uns eine Weile zu, wie wir mit Löffeln aus Tellern aßen.

₄₅ Dann sahen sie die Wälder, die Seen und alles andere, was wir gezeichnet hatten. Sie sahen noch einmal zu unserem Tisch herüber, wir taten, als ob wir nicht merkten, daß uns die Bären beobachteten, und beugten unsere Köpfe tiefer über die Teller. Es raschelte. Als wir wieder aufschauten, waren die Bären schon im Papier ver-
₅₀ schwunden.

Morgen zeichnen wir …, sagte Papa …

Eberhard Haidegger

UND JETZT seid **ihr** dran.
– Schreibt auf, wie die nächste „Zeichenstunde" verläuft.
– Was soll „gezeichnet" werden?

WER MÖCHTE, kann eins der folgenden Bilder
als Anregung nehmen.

Quint Buchholz

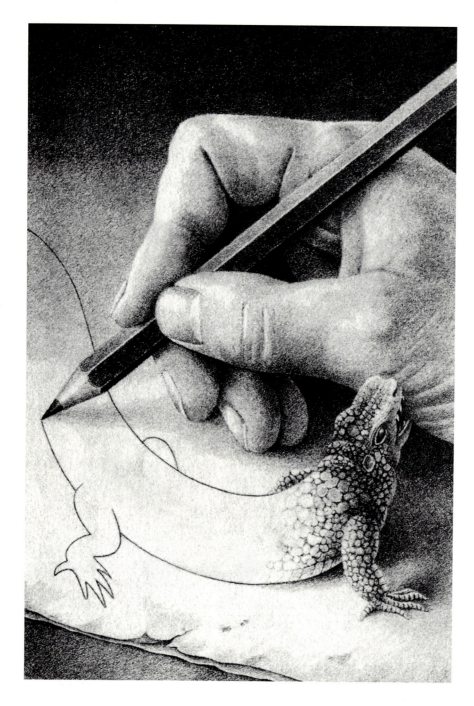

Klaus Steffens

Ein weißes Tier

In unserem Wald lebt ein weißes Tier. Sein Name fällt mir nicht ein. Mit Schnee fängt er an. Nein, nicht mit Schnee, aber doch mit etwas, das weiß ist. Gestern habe ich den Namen noch gewusst. Ich sagte zu Lukas: Schau mal, Lukas, ein … . Eben, ein Etwas-wie-Schnee.

Also ein Tier ist es, ein weißes. Ganz weiß und ganz pelzig. Oder federig? Weiß ist es auf jeden Fall. Und so hoch, oder so. Ja, so. Und so lang.

Hinten hat es eine Art, wie soll ich sagen, und vorne überhaupt nicht. Nur hinten. Und dann hört man es auch schon von weitem. Es schreit sehr laut. Etwa so. Nein, so nicht. Man kann das nicht nachmachen. Es schreit also, und weiß ist es auch und scheu. Mit seinen weißen Augen aber schaut es einem mitten ins Gesicht. So, oder eher so. Und wen es anschaut mit diesem Blick, der – dem geschieht etwas. Und zwar für immer.

Jürg Schubiger

WELCHES TIER stellst **du** dir hier vor?
Vielleicht kannst du es malen?

WAS DEM EINZELNEN, der diesem Tier begegnet,
wohl geschieht?

233

Der letzte Elefant

Ich bin der letzte Elefant.
Vor hundert Jahren fand
mich ein schwarzer Prinz und band
an seinen Traum mich fest.

Der Prinz ist tot. Und meine Haut
ist schwarz vom Wetter angeraut.
Auf meinem Rücken war ein Haus gebaut –
dort saß mein Prinz und hielt mich fest.

Ich konnte tanzen. Ich war leicht.
Man hat mich einst von Hof zu Hof gereicht:
Seht diesen Elefanten, dem kein andrer gleicht!
Und zog mir bunte Decken über für das Fest.

Dann kam der Brand, der Elefantentod.
Die Wälder sanken ein, und auch die Märchen starben.
Die Häuser wurden schwarz, die Erde rot –
das letzte Fest war wild in seinen Farben.

Die Prinzen starben und die Löwen auch.
Die Tore schlugen zu, das Reich zerfiel.
Der Zauberer versuchte es mit Götterrauch,
doch jenem Gott war's nur ein Spiel.

Ich bin der letzte Elefant.
Mein Prinz ist tot. An einem Strand,
wo ich die Wälder nicht mehr fand,
hüt ich den letzten Baum.

Da singt kein Vogel. Nur der Wind.
Und Sand macht meine Augen blind.
Vielleicht nimmt einmal doch ein Kind
mich mit in seinen Traum.

Peter Härtling

DER ELEFANT erzählt von schönen
und schlimmen Ereignissen aus
seinem Leben ...
Was für ein Leben führt er **jetzt**?

VIELLEICHT SIND im Verlauf eures Gespräches einige Fragen
und Vermutungen offen geblieben ...

HIER HAT ein Schüler seine Gedanken und Fragen zu diesem
Gedicht an den Autor Peter Härtling selbst gerichtet:

Erhard Birkenstock an Peter Härtling:

Ich stelle mir Ihr Gedicht so vor, dass sich der Prinz einen Elefanten
wünscht und dass er in seinen Träumen von einem Elefanten träumt.
Vielleicht sind Sie auch ein Tierliebhaber und hätten auch gerne
einen Elefanten. Ich möchte gerne einmal wissen, wie Sie auf die
Idee kamen, dieses Gedicht „Der letzte Elefant" zu schreiben, oder
gibt ein Dichter auf so eine Frage keine Antwort?? Dann haben Sie
sich in die Lage des Elefanten versetzt:
Auf meinem Rücken war ein Haus gebaut: Das stelle ich mir so vor,
dass der Elefant auf dem Rücken eine Sänfte trug. In orientalischen
Filmen kann man das heute noch sehen.
*Die Wälder sanken ein, und auch die Märchen starben. Die Häuser wur-
den schwarz, die Erde rot –*
Über diese zwei Verse habe ich lange nachgedacht, und ich möchte Sie fragen, ob meine Gedanken richtig sind. Ich dachte mir, dass
auf den Festen viele Märchen erzählt wurden und dass der Elefant
sie gerne hörte und dass er sie vermisste, als alle Menschen gestor-
ben waren und er ganz allein war. *Die Häuser wurden schwarz, die
Erde rot –:* Ist zwar ziemlich unwahrscheinlich, aber vielleicht gab es
nur Holzhäuser, die leicht verbrannten, und dann ist die Glut von
den verkohlten Holzresten auf die Erde gefallen, und dann sah es
aus, als wenn die Erde rot wäre. In der letzten Strophe kam ich zu
keinem sehr überzeugenden Schluss. Ich habe mir aber gedacht,
dass sich der Elefant sehr einsam fühlt, und er denkt vielleicht, er sei
der einzige noch lebende Elefant. Und wenn ein Kind von ihm
träumt, merkt er, dass er noch nicht in Vergessenheit geraten ist ...

**Wie ich das Gedicht
vom letzten Elefanten schrieb:**

Ich arbeitete als junger Journalist in einer Zeitungsredaktion in Köln und bereitete eine Seite mit Geschichten und Gedichten für die Sonntagsbeilage vor. Eine Geschichte hatte mir die Dichterin Martha Saalfeld geschickt. Dieses Mal steckte in dem großen Briefumschlag nicht nur ihr Manuskript, sondern ein Blatt aus festem Papier. Sie lege, schrieb sie, „einfach zur Ansicht" eine Zeichnung ihres Mannes bei. Ich wusste, dass sie mit dem Maler Werner vom Scheidt verheiratet war.

Werner vom Scheidt

236

„Einfach zur Ansicht ..." Ob Martha Saalfeld klar war, dass sie mir keineswegs bloß einen gezeichneten Elefanten schickte? Dass sie mir vielmehr einen Elefantenschock versetzte! Ein Blick genügte, und der Dickhäuter fing an zu reden. Natürlich nicht laut. Die Kollegen in der Redaktion hätten mich für verrückt gehalten. Nein, er redete in mir. Ich hatte mich in ihn verguckt. In seine Schwere, in die Wellenlinien, die seinen Leib runzlig machten. Ich spürte, wie müde er war. Wie allein. „Ich bin der letzte Elefant", sprach die Stimme in meinem Kopf. Ich schaute auf die Zeichnung und wusste wie von selbst die Geschichte des Elefanten:

„Vor hundert Jahren fand
mich ein schwarzer Prinz und band
an seinen Traum mich fest."

Lese ich heute das Gedicht, verblüfft es mich, wie viel ich schon vor dreißig Jahren von der Gefährdung der Natur ahnte. Aber war ich es denn? War es nicht mein Elefant? Genau genommen ist es egal: In dem Gedicht stecken wir beide.

Peter Härtling

Textquellen

Die Texte auf Seite 147 und 229 folgen aus urheberrechtlichen Gründen den Regeln der alten Rechtschreibung.

Seite 8-25: Martin Waddell, Patrick Benson: Rosamund, die Starke; aus: M. Waddell, P. Benson, Rosamund, die Starke, © Lappan Verlag GmbH, Oldenburg 1988

Seite 34-38: Carol Fenner: Blues Sister (Auszug); aus: C. Fenner, Blues Sister, aus dem Amerikanischen übersetzt von Elisabeth Epple, © Erika Klopp Verlag, München 1997, S. 109-115

Seite 39-42: Gudrun Mebs: Meistens geht's mir gut mit dir; aus: G. Mebs, Meistens geht's mir gut mit dir, Kindergeschichten, © Verlag Nagel & Kimche, Zürich 1985, S. 57-64

Seite 44-45: Ursula Wölfel: Das Balg; aus: U. Wölfel, Die grauen und die grünen Felder, Wahre Geschichten, Otto Maier Verlag, Ravensburg 1985, S. 32-36, © Anrich Verlag, Mülheim/Ruhr 1970

Seite 46-48: Bjarne Reuter: Der einarmige Engel (Auszug); aus: B. Reuter, „So einen wie mich kann man nicht von den Bäumen pflücken", sagt Buster, aus dem Dänischen übersetzt von Sigrid Daub, Verlag Sauerländer, Aarau – Frankfurt/Main 1986, S. 14-18

Seite 49-54: Sigrid Zeevaert: Max, mein Bruder (Auszug); aus: S. Zeevaert, Max, mein Bruder, © Arena Verlag, Würzburg 1986, S. 49-53, 77-79, 83-86

Seite 55-58: Astrid Lindgren: Allerliebste Schwester; aus: A. Lindgren, Märchen, © Verlag Friedrich Oetinger, Hamburg 1989, S. 176-182

Seite 59: Textende zu: Ursula Wölfel, Das Balg; aus U. Wölfel, Die grauen und die grünen Felder, a.a.O.

Seite 60-66: Maria López Vigil: Die Geschichte des respektlosen, aufmüpfigen, schlauen, spitzbübischen und immer zum Tanzen aufgelegten Güegüense (Auszug); aus: M. L. Vigil, Die Geschichte des respektlosen, aufmüpfigen, schlauen, spitzbübischen und immer zum Tanzen aufgelegten Güegüense, aus dem Spanischen übersetzt von Renée Steenbock, © Peter Hammer Verlag, Wuppertal 1992, S. 3-17

Seite 68-70: Herbert Birken: Achmed, der Narr; aus: H. Birken, Der weise Hofnarr Achmed, Hoch Verlag, Düsseldorf 1962, S. 12-17

Seite 72: Die beiden Traumdeuter; aus: Willi Fehse (Hg.), Heitere Märchen aus aller Welt, Boje Verlag, Stuttgart 1968

Seite 73: Gerd Frank: Nasreddin lässt sich nicht foppen; aus: G. Frank (Hg.), Der türkische Eulenspiegel, Närrische Anekdoten um Nasreddin Hodscha, Herder Verlag, Freiburg i. Breisgau 1980, S. 91

Seite 74: Erich Müller-Kamp: Der Axtbrei; aus: E. Müller-Kamp (Hg.), So lacht Rußland, Bassermann Verlag, München 1960

Seite 75-76: Paul Alverdes: Rasseln für Prasseln; aus: P. Alverdes, List gegen List, Von Narren und Schelmen aus aller Welt, Ehrenwirth-Verlag, München 1963

Seite 76-77: Brüder Grimm: Der Bauer und der Teufel; aus: Die Kinder und Hausmärchen der Brüder Grimm, Verlag C. H. Beck, München, S. 440, 441

Seite 78-82: Mark Twain: Tauschgeschäfte; aus: M. Twain, Tom Sawyers Abenteuer, aus dem Englischen übersetzt von L. Krüger, Gesammelte Werke Band 1, Hanser Verlag, München 1965

Seite 84: Die böseste aller Bösen; aus: Douglas Hill, Hexen und Zauberer, Die faszinierende Welt der Magie, aus dem Englischen übersetzt von Elisabeth Erpf, © Gerstenberg Verlag, Hildesheim 1997, S. 18

Seite 85: Was sind Hexen?; aus: Colin und Jacqui Hawkins, Hexen, aus dem Englischen übersetzt von Bettina Münch, © Vito von Eichborn GmbH & Co. Verlag KG, Frankfurt/Main 1995, S. 5

Seite 87-89: Die Geschichte vom bösen Hänsel, der bösen Gretel und der Hexe; aus: Paul Maar, Der tätowierte Hund, © Rowohlt Taschenbuch Verlag GmbH, Reinbek bei Hamburg 1977, S. 29-35

Seite 90-94: Ludvik Askenazy: Estrella aus dem grünen Haus; aus: Der dicke Hund 1992, © 1991 Beltz Verlag, Weinheim und Basel, Programm Beltz & Gelberg, Weinheim, S. 32-39

Seite 94-101: Barbara Hazen: Der Zauberlehrling; aus: Barbara Hazen, Tomi Ungerer, Der Zauberlehrling, aus dem Amerikanischen von Hans Manz, © 1971 Diogenes Verlag AG, Zürich

Seite 102-103: Johann Wolfgang von Goethe: Der Zauberlehrling; aus: Benno von Wiese, Deutsche Gedichte, Von den Anfängen bis zur Gegenwart, © 1956 August Bagel Verlag, Düsseldorf, S. 209-212

Seite 104: Hansjörg Martin: Gruselgraussong; aus: Renate Boldt, Gisela Krahl (Hg.), Das Rowohlt rotfuchs Lesebuch, © Rowohlt Taschenbuch Verlag GmbH, Reinbek bei Hamburg 1983, S. 257-258

Seite 104: Mirjam Pressler: Zauberspruch; aus: M. Pressler, Hexengeschichten, Loewe Verlag, Bindlach

Seite 105: Johann Wolfgang von Goethe: Das Hexen-Einmaleins; aus: J. W. von Goethe, Faust, Aufbau-Verlag, Berlin und Weimar 1975, S. 139

Seite 106: Blubberpulver; aus: Hermann Krekeler, Marlies Rieper-Bastian, Experimente – einfach verblüffend!, © Ravensburger Buchverlag, Ravensburg 1994, S. 46,47

Seite 111: Erika Dühnfort: Vom fleißigen Bauern und seinem faulen Nachbarn; aus: E. Dühnfort, Vom größten Bilderbuch der Welt, Sternbilder-Geschichten durch das Jahr, © 1996 Verlag Freies Geistesleben, Stuttgart, S. 7-8

Seite 113-115: Erika Dühnfort: König Arktur, die schöne Cassiopeia und der Große Bär; aus: E. Dühnfort, Vom größten Bilderbuch der Welt, a.a.O., S. 11-13

Seite 116: Entstehung der Sterne: Christiane Michaelis, Meinersen

Seite 117: Stern: Regina Nußbaum, Braunschweig

Seite 118: Die Milchstraße (Auszug); aus: Normann Hoss, Was ist was, Band 6: Die Sterne, Neuer Tessloff Verlag, Nürnberg, S. 41-42

Seite 119-122: Kometen, Meteore (Auszüge); aus: Eirik Newth, Die Sterne, Ein Reiseführer zu den Sehenswürdigkeiten des Himmels, Carlsen Verlag, Hamburg 1997, S. 57-59

Seite 124: Web-Sites, Homepage; aus: Christof Hafkemeyer, Was ist was special, Das Internet, Surfen im Computernetz, Tessloff Verlag, Nürnberg, S. 6

Seite 130: eugen gomringer: frühling, sommer, herbst, winter; aus: e. gomringer, konstellationen – ideogramme – stundenbuch, © verlag philipp reclam junior, stuttgart 1977, S. 80

Seite 131: Rabbe Enckell: Frühling; aus: Panorama moderner Lyrik, Gedichte des 20. Jahrhunderts in Übersetzungen, Bertelsmann Verlag S. Mohn, Gütersloh o. J., S. 379

Seite 132: Fredrik Vahle: Das Samenkorn; aus: F. Vahle, Der Himmel fiel aus allen Wolken, © 1994 Beltz Verlag, Weinheim und Basel, Programm Beltz & Gelberg, Weinheim, S. 22

Seite 132: Rose Ausländer: April; aus: R. Ausländer, Im Atemhaus wohnen, Frankfurt/Main 1992, S. 13

Seite 134: eugen gomringer: zweig, blatt, blüte; aus: e. gomringer, konstellationen – ideogramme – stundenbuch, a.a.o., S. 79

Seite 134: Rolf Bongs: Erste Sonne; aus: Hans-Joachim Gelberg (Hg.), Überall und neben dir, Gedichte für Kinder, © 1986, 1989 Beltz Verlag, Weinheim und Basel, Programm Beltz & Gelberg, Weinheim, S. 260; Nachdruck aus: Rolf Bongs, Ich sah, daß die Bäume zu gehen begannen, © 1984 Claassen Verlag, Düsseldorf

Seite 135: Peter Huchel: Der Zauberer im Frühling; aus: P. Huchel, Chausseen, Chausseen, Gedichte, S. Fischer Verlag, Frankfurt/Main, 1963

Seite 136-137: Astrid Lindgren: Frühling (Auszug); aus: A. Lindgren, Ronja Räubertochter, © Verlag Friedrich Oetinger, Hamburg 1982, S. 105-107

Seite 138: Fredrik Vahle: Zum Gähnen; aus: F. Vahle, Der Himmel fiel aus allen Wolken, a.a.O., S. 93

Seite 139: Fredrik Vahle: Viel Himmel zwischen den Ohren; aus: F. Vahle, Der Himmel fiel aus allen Wolken, a.a.O., S. 61

Seite 139: Hans Manz: Erlebnis; aus: H. Manz, Lieber heute als morgen, © 1988 Beltz Verlag, Weinheim und Basel, Programm Beltz & Gelberg, Weinheim, S. 22

Seite 141: Paul Maar: Land auf dem Sonntag; aus: Renate Boldt, Gisela Krahl (Hg.), Das Rowohlt rotfuchs Lesebuch, a.a.O., S. 263

Seite 141: Ernst Jandl: auf dem land; aus: E. Jandl, Laut und Luise, Luchterhand Literaturverlag, Frankfurt 1990

Seite 142: Erwin Moser: Gewitter; aus: Hans-Joachim Gelberg, Überall und neben dir, a.a.O., S. 260

Seite 142: Christine Busta: Der Sommer; aus: Ch. Busta, Die Sternenmühle, Müller Verlag, Salzburg 1959, S. 215

Seite 144-145: Astrid Lindgren: Sommer (Auszug); aus: A. Lindgren, Ronja Räubertochter, a.a.O., S. 185, 186, 199, 200, 201

Seite 146: Peter Härtling: Der Sommer geht; aus: P. Härtling, Die Gedichte 1953-1987, © Luchterhand Literaturverlag GmbH, Frankfurt/Main 1989

Seite 147: Kurt Tucholsky: Die fünfte Jahreszeit (Auszug); aus: K. Tucholsky, Gesammelte Werke, Bd. 7, hg. von Mary Gerold-Tucholsky und Fritz J. Raddatz, © Rowohlt Taschenbuch Verlag GmbH, Reinbek bei Hamburg 1960, S. 224-225

Seite 148: Joachim Ringelnatz: Landregen (gekürzt); aus: J. Ringelnatz, und auf einmal steht es neben dir, Gesammelte Gedichte, © 1954 Karl H. Henssel Verlag, Berlin, S. 468

Seite 150: Georg Britting: Fröhlicher Regen; aus: G. Britting, Gedichte 1919-1939, Nymphenburger Verlagshandlung, München 1957

Seite 150: Erich Fried: Herbstmorgen in Holland, Herbstmorgel il Hollald; aus: E. Fried, Die bunten Getüme, © 1977 Verlag Klaus Wagenbach, Berlin, S. 46

Seite 151: Haikus zum Herbst; aus: HAIKU, Japanische Gedichte, ausgewählt und aus dem Urtext übertragen von Jan Ulenbrook, © 1985 Wilhelm Heyne Verlag GmbH & Co. KG., München, S. 62, 74, 75

Seite 152: Astrid Lindgren: Herbst (Auszug); aus: A. Lindgren, Ronja Räubertochter, a.a.O., S. 201, 69, 70

Seite 154: Hans Manz: Winter; aus: Ute Andresen (Hg.), Im Mondlicht wächst das Gras, © 1991 Ravensburger Buchverlag Otto Maier GmbH, Ravensburg, S. 122

Seite 155: Karola Heidenreich: Auf dürrem Ast; aus: Oder die Entdeckung der Welt, 10. Jahrbuch der Kinderliteratur, hg. von Hans-Joachim Gelberg, © 1997 Beltz Verlag, Weinheim und Basel, Programm Beltz & Gelberg, Weinheim, S. 153

Seite 155: Alfred Könner: Wohnen im Baum; aus: Die Erde ist mein Haus, 8. Jahrbuch der Kinderliteratur, hg. von Hans-Joachim Gelberg, © 1988 Beltz Verlag, Weinheim und Basel, Programm Beltz & Gelberg, Weinheim, S. 276

Seite 156: Georg Britting: Der Winterstier; aus: G. Britting, Der unverstörte Kalender, Nymphenburger Verlagshandlung, München

Seite 157: Du, mach mal Licht an …, Der erste Schnee …; aus: HAIKU, Japanische Gedichte, a.a.o., S. 90

Seite 157: Sogar den Pferden …, Im alten Garten …; aus: HAIKU, Japanische Gedichte, a.a.O., S. 135, 136

Seite 159: Gustav Falke: Winter; aus: Ute Andresen (Hg.), Im Mondlicht wächst das Gras, a.a.O., S. 115

Seite 160: Astrid Lindgren: Winter (Auszug); aus: A. Lindgren, Ronja Räubertochter, a.a.O., S. 71

Seite 163: Peter Huchel: Der Zauberer im Frühling, aus: P. Huchel, Chausseen, Chausseen, a.a.O.

Seite 165: Fredrik Vahle: Das Samenkorn; aus: F. Vahle, Der Himmel fiel aus allen Wolken, a.a.O., S. 22

Seite 169-171: Susanne Kilian: Der Stein; aus: S. Kilian, Kinderkram, © 1987 Beltz Verlag, Weinheim und Basel, Programm Beltz & Gelberg, Weinheim, S. 110-113

Seite 172: Fredrik Vahle: Für den Stein in meiner Hand; aus: F. Vahle, Der Himmel fiel aus allen Wolken, a.a.O., S. 27

Seite 173: Georg Bydlinski: Der Stein; aus: Hans-Joachim Gelberg (Hg.), Überall und neben dir, a.a.O., S. 272

Seite 174: Peter Härtling: Murmelverse; aus: P. Härtling, Die Gedichte 1953-1987, © Luchterhand Literaturverlag GmbH, Frankfurt

Seite 175: Roswitha Fröhlich: Der Zauberstein; aus: Hans-Joachim Gelberg (Hg.), Überall und neben dir, a.a.O., S. 272

Seite 177: Josef Guggenmos: Sagen ist leichter als Tun; aus: J. Guggenmos, Oh, Verzeihung, sagte die Ameise, © 1990 Beltz Verlag, Weinheim und Basel, Programm Beltz & Gelberg, Weinheim

Seite 178: Die Slopsteine bei Westerkappeln; aus: Sagen und Geschichten aus dem Tecklenburger Land, hg. von Friedrich Ernst Hunsche, Verlag Ibbenbürener Vereinsdruckerei GmbH, Ibbenbüren, S. 59-60

Seite 179: Der Teufel im Wesertal; aus: Heinz Rölleke (Hg.), Sagen aus Westfalen, Rowohlt Taschenbuch Verlag, Reinbek bei Hamburg 1995, S. 18

Seite 179-180: Das Hockende Weib; aus: Sagen und Geschichten aus dem Tecklenburger Land, a.a.O., S. 38-39

Seite 181-182: Benno Pludra: Ein Mädchen fand einen Stein; aus: Das achte Weltwunder, hg. von Hans-Joachim Gelberg, © 1979 Beltz Verlag, Weinheim und Basel, Programm Beltz & Gelberg, Weinheim, S. 23-24

Seite 183-191: Nur ein Stein (Auszug); aus: Ludek Pesek, Nur ein Stein, Geschichte einer langen Wanderung, © 1972 Beltz Verlag, Weinheim und Basel, Programm Beltz & Gelberg, Weinheim, S. 9, 10, 11, 12, 13, 14, 16, 17, 18, 19, 22, 23, 24, 25, 28, 29, 31, 32, 36, 37, 40, 41

Seite 194: Wie alt ist die Erde?; aus: Dougal Dixon, Die Dinosaurier und die prähistorische Welt, aus dem Englischen übersetzt von Dr. Helga Peham und Dr. Alois Peham, © 1990 Neuer Kaiser Verlag, Klagenfurt, S. 10

Seite 196-213: Janosch: Du bist ein Indianer, Hannes (Auszug); aus: Janosch, Hannes Strohkopp, © Little Tiger Verlag GmbH, Hamburg 1998, S. 8, 9, 10, 12, 14, 15, 16, 17, 25, 26, 33, 34, 37, 38, 39, 40, 41, 42, 43, 45, 46, 48, 49, 50, 59, 68, 69, 74, 76, 78, 79

Seite 215: Jürg Schubiger: Die Einladung; aus: J. Schubiger, Als die Welt noch jung war, © 1995 Beltz Verlag, Weinheim und Basel, Programm Beltz & Gelberg, Weinheim, S. 63

Seite 217-218: Gina Ruck-Pauquèt: Ein Fisch sein; aus: Die Erde ist mein Haus, a.a.O., S. 60-61

Seite 221: Cordula Tollmien: Der Adler; aus: Die Erde ist mein Haus, a.a.O., S. 74

Seite 222-223: Brigitte Schär: Der Hund; aus: Die Erde ist mein Haus, a.a.O., S. 320-321

Seite 226-227: Jacques Prévert: Rechenstunde; aus: J. Prévert, Gedichte und Chansons, Französisch und Deutsch, Nachdichtungen von Kurt Kusenberg, © 1962 by Rowohlt Taschenbuch Verlag GmbH, Reinbek bei Hamburg 1962, 1971, S. 97-99

Seite 229-230: Eberhard Haidegger: Bären in unseren Betten; aus: AUGENAUFMACHEN, 7. Jahrbuch der Kinderliteratur, hg. von Hans-Joachim Gelberg, © 1984 Beltz Verlag, Weinheim und Basel, Programm Beltz & Gelberg, Weinheim, S. 10-11

Seite 233: Jürg Schubiger: Ein weißes Tier; aus: J. Schubiger, Als die Welt noch jung war, a.a.O., S. 78

Seite 234: Peter Härtling: Der letzte Elefant; aus: P. Härtling, Die Gedichte 1953-1987, © 1989 Luchterhand Literaturverlag GmbH, Frankfurt/Main

Seite 235: Erhard Birkenstock an Peter Härtling; aus: Peter Härtling für Kinder, Sonderheft DER BUNTE HUND, © 1989 Beltz Verlag, Weinheim und Basel, Programm Beltz & Gelberg, Weinheim, S. 5

Seite 236-237: Peter Härtling: Wie ich das Gedicht vom letzten Elefanten schrieb; aus: Peter Härtling für Kinder, a.a.O., S. 6

Bildquellen

Illustrationen auf dem Vorsatz: Quint Buchholz, München; aus: Quint Buchholz, Der Sammler der Augenblicke, © 1997 Carl Hanser Verlag, München, Wien

S. 8-28: Illustrationen von Patrick Benson; aus: Martin Waddel, Rosamund die Starke, Lappan-Verlag, Oldenburg 1986

S. 34: Umschlagillustration: Jub Mönster; zu: Carol Fenner, Blues Sister, Erika Klopp Verlag, München 1997

S. 46: Umschlagillustration: Gilles Scheid; zu: Bjarne Reuter, So einen wie mich kann man nicht von den Bäumen pflücken, Verlag Sauerländer, Aarau, Frankfurt am Main, Salzburg 1987

S. 49: Umschlagfoto: Bettina Wolf; zu: Sigrid Zeevaert, Max mein Bruder, Arena Verlag, Würzburg 1986

S. 55-57: Illustrationen von Ilond Wikland; aus: Astrid Lindgren, Märchen, © Verlag Friedrich Oetinger, Hamburg 1989

S. 60: Umschlagillustration: Nivio López Vigil; zu: Maria López Vigil, Die Geschichte des respektlosen, aufmüpfigen, schlauen, spitzbübischen und immer zum Tanzen aufgelegten Güegüense, Peter Hammer Verlag, Wuppertal 1992

S. 64,65: Illustrationen von Nivio López Vigil; aus: Maria López Vigil, Die Geschichte des respektlosen, aufmüpfigen, schlauen, spitzbübischen und immer zum Tanz aufgelegten Güegüense, a.a.O.

S. 78: Illustration von Walter Trier; aus: Mark Twain, Die Abenteuer des Tom Sawyer, Atrium Verlag AG, Zürich 1952

S. 81: Illustration von Walter Trier; aus: Mark Twain, Die Abenteuer des Tom Sawyer, a.a.O.

S. 84: Zauberer Merlin; Schauspieler: Nicol Williamson; aus dem Film: Excalibur, GB 1980, Impress Film + TV Promotion, München

S. 84: Hollywood-Hexe; Schauspielerin: Angelika Houston; aus dem Film: Hexen hexen, The Ronald Grant Archive, GB

S. 84: Illustration von Gil diCicco, Die Hexe Malefiz; aus: Walt Disney, Schurken, Hexen, Bösewichte, © The Walt Disney Company, Eschborn

S. 86: Illustrationen von Colin und Jacqui Hawkins; aus: C.+ J. Hawkins, Hexen, © Eichborn GmbH & Co Verlag KG, Frankfurt am Main, Juli 1995

S. 94-101: Illustrationen von Tomi Ungerer; aus: Barbara Hazen, Der Zauberlehrling, © by Diogenes Verlag AG, Zürich 1971

S. 106: Illustrationen von Marlies Rieper-Bastian; aus: H. Krekeler, Experimente – einfach verblüffend, © by Ravensburger Buchverlag, Ravensburg 1994

S. 107: Einladung zum Hexenfest; Illustration von Angela Weinhold; aus: Jutta Radel (Hrsg.), Hexen und Zauberer, © by Edition Bücherbär im Arena Verlag, Würzburg 1995

S. 108: Spaß beim Schminken; Quarto Publishing Ltd., London

S. 109: Umschlagfoto: Angela Weinhold; zu: Jutta Radel (Hrsg.), Hexen und Zauberer, a.a.O.

S. 109: Umschlagfoto: Alex Wilson; zu: Douglas Hill, Hexen & Zauberer – Die faszinierende Welt der Magie, aus dem Englischen übersetzt von Elisabeth Erpf, Gerstenberg Verlag, Hildesheim 1997; © Dorling Kindersley Ltd., London

S. 109: Umschlagfoto: Regina Kehn; zu: Michael Ende, Der Wunschpunsch, © Thienemanns Verlag, Stuttgart, Wien, Bern 1989

S. 109: Umschlagillustration: Sabine Wilharm; zu: Lieneke Dijkzeul, Die Hexe, die nie mehr zaubern wollte; Elefanten Press Verlag, Berlin 1996

S. 109: Umschlagillustration: Andreas Röckener; zu: Alles Zauberei, Geschichten, Bilder, Tricks & Rätsel, gesammelt von Silvia Bartholl, 1990 Beltz Verlag, Weinheim und Basel, Programm Beltz & Gelberg, Weinheim

S. 110: Sternengucker: © The Bridgeman Art Library, London

S. 112: Sternenhimmel über Mitteleuropa; aus: Diercke Weltatlas, © Westermann Schulbuchverlag GmbH, Braunschweig 1996, S. 243

S. 118: Die Milchstraße: Astrafoto Bildagentur GmbH, Bernd Koch/Koch, Leichlingen

S. 119: Komet „Hale-Bopp": Astrafoto Bildagentur GmbH, Bernd Koch/Kohlauf, Leichlingen

S. 122: Meteorit „Hoba": Astrafoto Bildagentur GmbH, Bernd Koch/Binnewies/Sporenberg, Leichlingen

244

S. 129: Umschlagillustration zu: Manfred Bottmeyer, Das Sternenbuch für große und kleine Sterngucker, © Coppenrath Verlag, Münster 1991

S. 129: Umschlagfoto: Image Bank; zu: Eirik Newth, Die Sterne, a.a.O.

S. 129: Umschlagfoto zu: Sternenhimmel und Planeten, Meyers Jugendbibliothek, Meyers Lexikonverlag im Bibliographischen Institut, Mannheim

S. 129: Umschlagfoto: Uli Kauer; zu: Christof Hafkemeyer, Das Internet, Surfen im Computernetz, Tessloff Verlag, Nürnberg

S. 131: Maulwurfwiese: Peter-T. Schulz, Mühlheim/Ruhr

S. 133: Tulpen in Flandern: Hans J. Eitz, Trier

S. 136: Paul Klee: 1918, 82, Blumenmythos, 29 x 15,8 cm, Aquarell auf kreidegrundierter Gaze; Credit Line: Sprengel Museum Hannover, Hannover 1, Inv. Nr. Sammlung Sprengel 1/112; © VG Bild-Kunst, Bonn

S. 140: Keith Haring: Ohne Titel, 1987; The Estate of Keith Haring, New York

S. 140: Otto Mueller: Zwei badende Mädchen, 1917; Arthotek – Spezialarchiv für Gemäldefotografie, Peissenberg

S. 143: Marc Chagall: Die Schnitterin, 1928/1930; Arthotek – Spezialarchiv für Gemäldefotografie, Peissenberg; © VG Bild-Kunst, Bonn

S. 145: Wilhelm Morgner: Feldweg, 1912; Museum Bochum

S. 146: Paul Klee: 1927, 1, Abenteurer-Schiff, 49,9 x 65 cm, Aquarell auf Papier; Credit Line: Staatsgalerie moderner Kunst/Bayerische Staatsgemäldesammlungen München, Inv. Nr. 13511; Arthotek – Spezialarchiv für Gemäldefotografie, Peissenberg; © VG Bild-Kunst, Bonn

S. 147: Henri Matisse: Das blaue Fenster, 1913; The Museum of Modern Art, New York, Abby Aldrich Rockefeller Fund. Photograph: © 1998 The Museum of Modern Art, New York; © VG Bild-Kunst, Bonn

S. 149: Franz Marc: Im Regen, 1912; Arthotek – Spezialarchiv für Gemäldefotografie, Peissenberg

S. 151: Adolph von Menzel: Zwei Schwäne, 1863/83; Bildarchiv Preußischer Kulturbesitz, Berlin

S. 153: Friedrich Hechelmann: Buche; Kunsthalle Schwaben, Weitnau-Hofen; © Friedrich Hechelmann, Isny im Allgäu

S. 157: Hendrik Averkamp: Eisvergnügen bei einem Bauernhof; Teylers Museum, NL-Haarlem

S. 158: Quint Buchholz: Schneeelefanten; aus: Quint Buchholz, Der Sammler der Augenblicke, © 1997 Carl Hanser Verlag, München, Wien

S. 161: Paul Klee: 1930, 196 (D 6), Winterbild, 31,8 x 48,9 cm, Aquarell auf kreidegrundiertem Papier; Credit Line: Kein Eintrag; Paul-Klee-Stiftung, Kunstmuseum Bern, Bern; Privatbesitz, USA; © VG Bild-Kunst, Bonn

S. 168: Junge mit Stein: Robert Holmgren/ Tony Stone Bilderwelten, Hamburg

S. 174: Ivan Gantschev: Mond mit Eule, Franfurt am Main

S. 175: Quint Buchholz: Der Mondstein, München

S. 178/179: Die Slopsteine: Ibbenbürener Volkszeitung, Ibbenbüren

S. 180: Das Hockende Weib: Verkehrsverein Ibbenbüren

S. 182: Umschlagillustration: Jutta Bauer; zu: Benno Pludra, Das Herz des Piraten, 1985 Beltz Verlag, Weinheim und Basel, Programm Beltz & Gelberg, Weinheim

S. 186: Dipterus: Ludek Pesek, CH-Stäfa

S. 187: Branchiosaurus: Ludek Pesek, a.a.O.

S. 188: Edaphosaurus: Ludek Pesek, a.a.O.

S. 189: Moschops: Ludek Pesek, a.a.O.

S. 190/191: Diplodocus: Ludek Pesek, a.a.O.

S. 191: Allosaurus: Ludek Pesek, a.a.O.

S. 193: Entstehung der Erdzeitalter; aus: Was ist was, Bd. 1; Felix Sutton, Unsere Erde, Tessloff Verlag, Nürnberg

S. 195: Umschlagfoto zu: Was ist was, Bd. 1, Felix Sutton, Unsere Erde, Tessloff Verlag, Nürnberg

S. 195: Umschlagillustration zu: Dinosaurier – Tatsachen, wissenschaftliche Erkenntnisse und neue ungelöste Rätsel, Neuer Kaiser Verlag, Klagenfurt

S. 195: Umschlagillustration: Kit Johnson, Boxtree Ltd., London; zu: David Norman, Ursprünge des Lebens, Bertelsmann Verlag, München 1994

S. 195: Umschlagillustration: Z. Burian; zu: Z. V. Spinar, Leben in der Urzeit, Verlag Werner Dausien, Hanau

S. 196: Umschlagillustration: Janosch; zu: Janosch, Hannes Strohkopp, Little Tiger Verlag GmbH, Hamburg 1998

S. 201, 203, 208: Illustrationen von Janosch; zu: Janosch, Hannes Strohkopp, a.a.O.

S. 214: Gemälde „Die Tiere des Regenwaldes (I)", © Carl-W. Röhrig, Hamburg

S. 216: Klaus Steffens: Fisch; Waghäusel

S. 220: Friedrich Hechelmann: Marienkäfer; Kunsthalle Schwaben, Weitnau-Hofen; © Friedrich Hechelmann, Isny im Allgäu

S. 225: Nikolas Heidelbach: Mädchen mit Katze; aus: Helga Gebert, Mutabor, Märchen der Verwandlung; 1988 Beltz Verlag, Weinheim und Basel, Programm Beltz & Gelberg, Weinheim

S. 230/231: Quint Buchholz: König und Löwe; aus: Quint Buchholz, Der Sammler der Augenblicke, © 1997 Carl Hanser Verlag, München, Wien

S. 232: Klaus Steffens: Hand zeichnet Krokodil; aus: Hans Joachim Gelberg (Hg.), Überall und neben dir, 1986 Beltz Verlag, Weinheim und Basel, Programm Beltz & Gelberg, Weinheim

S. 236: Werner vom Scheidt: Ruhender Elefant

246

Textsortenverzeichnis

248